IMITACIÓN DE CRISTO

TOMÁS DE KEMPIS

Publicado por
GOLDEN BOOKMARK PUBLISHING

Correo electrónico: goldenbookmarkpublishing@gmail.com

Para obtener más detalles o consultas, comuníquese con el editor al correo electrónico anterior.

Publicado por primera vez por GOLDEN BOOKMARK PUBLISHING en 2025

Golden Bookmark

Contents

NOTA INTRODUCTORIA

El tratado «De la Imitación de Cristo» parece haber sido escrito originalmente en latín a principios del siglo XV. Su fecha exacta y su autoría son todavía materia de debate. Sobreviven un número considerable de manuscritos de la versión latina por toda Europa Occidental, y estos, junto con la vasta lista de traducciones y ediciones impresas, atestiguan su popularidad casi sin parangón. Un escriba lo atribuye a San Bernardo de Claraval; pero el hecho de que contenga una cita de San Francisco de Asís, quien nació treinta años después de la muerte de San Bernardo, descarta esta teoría. En Inglaterra existen muchos manuscritos de los tres primeros libros, titulados «Musica Ecclesiastica», frecuentemente atribuidos al místico inglés Walter Hilton. Pero Hilton parece haber muerto en **1395**, y no hay evidencia de la existencia de la obra antes de **1400**. Muchos manuscritos esparcidos por Europa atribuyen el libro a Jean le Charlier de Gerson, el gran Canciller de la Universidad de París, quien fue una figura destacada en la Iglesia en la primera parte del siglo XV. El autor más probable, sin embargo, especialmente cuando se considera la evidencia interna, es Thomas Haemmerlein, también conocido como Tomás de Kempis, por su ciudad natal de Kempen, cerca del Rin, a unas cuarenta millas al norte de Colonia. Haemmerlein, que nació en **1379** o **1380**, fue miembro de la orden de los Hermanos de la Vida Común y pasó los últimos setenta años de su vida en el Monte Santa Inés, un monasterio de canónigos agustinos en la diócesis de Utrecht. Aquí murió el **26** de julio de **1471**, tras una vida sin incidentes dedicada a copiar manuscritos, leer, componer y a la pacífica rutina de la piedad monástica.

Con la excepción de la Biblia, ningún escrito cristiano ha tenido una boga tan amplia o una popularidad tan sostenida como este. Y, sin embargo, en cierto sentido, no es en absoluto una obra original. Su estructura la debe en gran medida a los escritos de los místicos medievales, y sus ideas y frases son un mosaico de la Biblia y los Padres de la Iglesia primitiva. Pero estos elementos están entretejidos con tal delicadeza y un sentimiento religioso a la vez tan ardiente y tan sólido, que promete seguir siendo, lo que ha sido durante quinientos años, la llamada y guía suprema a la aspiración espiritual.

LIBRO PRIMERO

Admoniciones Provechosas para la Vida Espiritual

CAPÍTULO I: De la imitación de Cristo y del desprecio del mundo y todas sus vanidades

–Quien me sigue no andará en tinieblas(**1**) –dice el Señor. Estas son las palabras de Cristo; y nos enseñan hasta qué punto debemos imitar Su vida y carácter, si buscamos la verdadera iluminación y la liberación de toda ceguera de corazón. Que sea, por tanto, nuestro más ferviente estudio meditar sobre la vida de Jesucristo.

2. Su enseñanza sobrepasa toda enseñanza de los santos varones, y quien tiene Su Espíritu halla en ella el maná escondido(**2**). Pero hay muchos que, aunque oyen con frecuencia el Evangelio, sienten poco anhelo por él, porque no tienen la mente de Cristo. Por tanto, quien quiera entender plena y sabiamente las palabras de Cristo, debe esforzarse por conformar toda su vida a esa mente de Cristo.

3. ¿De qué te aprovecha entrar en profundas discusiones sobre la Santísima Trinidad, si careces de humildad y desagradas así a la Trinidad? Porque, en verdad, no son las palabras profundas las que hacen a un hombre santo y justo; es una vida buena lo que hace a un hombre caro a Dios. Preferiría sentir contrición a ser un experto en su definición. Si conocieras toda la Biblia y los dichos de todos los filósofos, ¿de qué te serviría todo esto sin el amor y la gracia de Dios? Vanidad de vanidades, todo es vanidad, salvo amar a Dios y solo a Él servir. Esa es la más alta sabiduría: dejar atrás el mundo y avanzar hacia el reino celestial.

4. Es vanidad, pues, buscar las riquezas que perecerán y confiar en ellas. Es vanidad también codiciar honores y enaltecerse. Es vanidad seguir los deseos de la carne y dejarse guiar por ellos, pues esto traerá miseria al final. Es vanidad desear una vida larga y preocuparse poco por una vida buena. Es vanidad pensar solo en la vida presente y no prever las cosas que han de venir. Es vanidad amar lo que pasa rápidamente y no apresurarse hacia donde mora la alegría eterna.

5. Recuerda a menudo el dicho(**3**): «Ni el ojo se sacia de ver, ni el oído de oír». Esfuérzate, por tanto, en apartar tu corazón del amor de las cosas que se ven y ponerlo en las que no se ven. Porque quienes siguen sus propios apetitos carnales manchan la conciencia y destruyen la gracia de Dios.

(**1**) Juan viii. **12**. (**2**) Apocalipsis ii. **17**. (**3**) Eclesiastés i. **8**.

CAPÍTULO II: Del pensar humildemente de sí mismo

Hay naturalmente en todo hombre un deseo de saber, pero ¿de qué aprovecha el conocimiento sin el temor de Dios? Mejor es, ciertamente, un humilde campesino que sirve a Dios que un soberbio filósofo que observa las estrellas y descuida el conocimiento de sí mismo. Quien se conoce bien a sí mismo es vil a sus propios ojos;

tampoco hace caso de las alabanzas de los hombres. Si yo conociera todas las cosas que hay en el mundo y no estuviera en caridad, ¿de qué me serviría ante Dios, que ha de juzgarme según mis obras?

2. Cesa en el desordenado deseo de saber, pues en él se halla mucha distracción y engaño. Los que tienen conocimiento desean parecer doctos y ser llamados sabios. Hay muchas cosas cuyo conocimiento aprovecha poco o nada al alma. Y necio en extremo es quien se ocupa de otras cosas antes que de las que sirven para la salud de su alma. Muchas palabras no satisfacen el alma, pero una buena vida refresca la mente, y una conciencia pura da gran confianza ante Dios.

3. Cuanto mayor y más completo sea tu conocimiento, tanto más severamente serás juzgado, a menos que hayas vivido santamente. Por tanto, no te ensoberbezcas por ninguna habilidad o conocimiento que poseas; antes bien, teme por el conocimiento que se te ha dado. Si te parece que sabes muchas cosas y las entiendes bien, sabe también que hay muchas más cosas que no sabes. No seas altivo, sino confiesa más bien tu ignorancia. ¿Por qué deseas elevarte por encima de otro, cuando se encuentran muchos más doctos y más versados que tú en la Escritura? Si quieres saber y aprender algo con provecho, ama ser desconocido y tenido por nada.

4. Esta es la lección más alta y provechosa: cuando un hombre se conoce verdaderamente y se juzga humildemente a sí mismo. No tenerse en nada y pensar siempre bien y con aprecio de los demás, esto es grande y perfecta sabiduría. Aun si vieras a tu prójimo pecar abierta o gravemente, no debes considerarte mejor que él, pues no sabes cuánto tiempo conservarás tu integridad. Todos nosotros somos débiles y frágiles; no tengas a ningún hombre por más frágil que tú mismo.

CAPÍTULO III: Del conocimiento de la verdad

Feliz el hombre a quien la Verdad por sí misma enseña, no por medio de figuras y palabras pasajeras, sino tal como es en sí misma(**1**). Nuestro propio juicio y sentimiento a menudo nos engañan, y discernimos poco de la verdad. ¿De qué sirve discutir sobre cosas ocultas y oscuras, por las cuales ni siquiera seremos reprendidos en el juicio por no haberlas conocido? ¡Oh, grave necedad, descuidar las cosas provechosas y necesarias, y entregar nuestra mente a las que son curiosas y perjudiciales! Teniendo ojos, no vemos.

2. ¡Y qué tenemos que ver nosotros con discusiones sobre género y especie! Aquel a quien el Verbo Eterno habla está libre de múltiples interrogantes. De este Único Verbo proceden todas las cosas, y todas las cosas hablan de Él; y este es el Principio que también nos habla a nosotros(**2**). Nadie sin Él entiende ni juzga rectamente. El hombre para quien todas las cosas son una, que reduce todas las cosas a una, que ve todas las cosas en una, es capaz de permanecer firme de espíritu y en paz con Dios. ¡Oh Dios, que eres la Verdad, hazme uno contigo en amor eterno! Me cansa a menudo leer y escuchar muchas cosas; en Ti está todo lo que anhelo y deseo. Que todos los doctores callen; que toda la creación guarde silencio ante Ti: háblame Tú solo a mí.

3. Cuanto más un hombre tiene unidad y simplicidad en sí mismo, más y más profundas cosas entiende; y ello sin esfuerzo, porque recibe la luz del entendimiento de lo alto. El espíritu que es puro, sincero y firme, no se distrae aunque tenga muchas obras que hacer, porque hace todas las cosas para la honra de Dios y se esfuerza por estar libre de todo pensamiento egoísta. ¿Quién es para ti un mayor obstáculo y molestia que tu propio corazón indisciplinado? Un hombre que es bueno y devoto dispone de antemano en su corazón las obras que ha de realizar fuera; y así no es arrastrado por los deseos de su mala voluntad, sino que somete todo al juicio de la recta razón. ¿Quién tiene una batalla más dura que librar que aquel que lucha por el dominio de sí mismo? Y este debe ser nuestro empeño: dominarnos a nosotros mismos, y así fortalecernos cada día más y avanzar hacia la perfección.

4. Toda perfección en esta vida lleva consigo alguna imperfección, y toda nuestra capacidad de ver no está exenta de alguna oscuridad. Un humilde conocimiento de ti mismo es un camino más seguro hacia Dios que la profunda investigación de la ciencia humana. No es que la ciencia deba ser culpada, ni el tener en cuenta cualquier cosa que sea buena; pero una buena conciencia y una vida santa son mejores que todo. Y porque muchos buscan el conocimiento en lugar de la buena vida, por eso se extravían y dan poco o ningún fruto.

5. ¡Oh, si pusieran la misma diligencia en desarraigar los vicios y plantar las virtudes que la que dedican a vanas cuestiones, no habría tantas malas acciones y tropiezos entre los laicos, ni tan mala vida en las casas de religiosos! Ciertamente, en el Día del Juicio se nos preguntará no lo que hemos leído, sino lo que hemos hecho; no cuán bien hemos hablado, sino cuán santamente hemos vivido. Dime, ¿dónde están ahora todos aquellos maestros y doctores que bien conociste mientras aún estaban con vosotros y florecían en el saber? Sus cátedras las ocupan ahora otros, que quizás nunca piensan en ellos. Mientras vivieron, parecían ser algo, pero ahora nadie habla de ellos.

6. ¡Oh, cuán rápidamente pasa la gloria del mundo! ¡Ojalá su vida y su conocimiento hubieran estado de acuerdo! Porque entonces habrían leído e investigado con buen propósito. ¡Cuántos perecen por el vano saber en este mundo, preocupándose poco por servir a Dios! Y porque aman ser grandes más que ser humildes, por eso «se han desvanecido en sus razonamientos». Solo es verdaderamente grande quien tiene una gran caridad. Es verdaderamente grande quien se considera pequeño y no tiene en nada toda la altura del honor. Es el hombre verdaderamente sabio, quien considera todas las cosas terrenales como estiércol para ganar a Cristo. Y es el hombre verdaderamente docto, quien hace la voluntad de Dios y abandona su propia voluntad.

(**1**) Salmo xciv. **12**; Números xii. **8**. (**2**) Juan viii. **25** (Vulg.).

CAPÍTULO IV: De la prudencia en el obrar

No debemos confiar en cada palabra de otros o sentimiento dentro de nosotros, sino examinar el asunto con cautela y paciencia, para ver si es de Dios. Desgraciadamente, somos tan débiles que nos resulta más fácil creer y hablar mal de los demás que bien. Pero los que son perfectos no dan crédito fácilmente a todo rumor, pues conocen la debilidad del hombre, que es propenso al mal e inestable en sus palabras.

2. Es gran sabiduría no ser precipitado en la acción, ni obstinado en las propias opiniones. Parte de esta sabiduría es también no creer cada palabra que oímos, ni contar a otros todo lo que oímos, aunque lo creamos. Aconséjate con un hombre sabio y de buena conciencia; y busca ser instruido por uno mejor que tú, en lugar de seguir tus propias invenciones. Una buena vida hace al hombre sabio para con Dios y le da experiencia en muchas cosas. Cuanto más humilde es un hombre en sí mismo y más obediente a Dios, tanto más sabio será en todas las cosas y más en paz estará su alma.

CAPÍTULO V: De la lectura de las Sagradas Escrituras

Es la Verdad lo que debemos buscar en la Sagrada Escritura, no la astucia de las palabras. Toda Escritura debe ser leída con el espíritu con que fue escrita. Debemos buscar más lo que es provechoso en la Escritura que lo que sirve a la sutileza en el discurso. Por lo tanto, debemos leer libros devocionales y sencillos, así como los profundos y difíciles. Y que el prestigio del autor no sea para ti un tropiezo, ya sea de poco o mucho saber, sino que el amor a la pura Verdad te lleve a leer. No preguntes quién ha dicho esto o aquello, sino atiende a lo que dice.

2. Los hombres pasan, pero la verdad del Señor permanece para siempre. Sin acepción de personas, Dios nos habla de diversas maneras. Nuestra propia curiosidad a menudo nos estorba en la lectura de los escritos sagrados, cuando buscamos entender y discutir, donde deberíamos pasar con sencillez. Si quieres sacar provecho de tu lectura, lee con humildad, sencillez, honestidad y sin desear ganar fama de docto. Pregunta con libertad y escucha en silencio las palabras de los santos varones; ni te disgusten las duras sentencias de los más ancianos que tú, pues no se pronuncian sin causa.

CAPÍTULO VI: De los afectos desordenados

Cuando un hombre desea algo desmedidamente, de inmediato se vuelve inquieto. El soberbio y el avaro nunca están en paz; mientras que los pobres y humildes de corazón moran en la multitud de la paz. El hombre que aún no está completamente muerto a sí mismo, es tentado pronto y vencido en asuntos pequeños y triviales. Es difícil para quien es débil de espíritu, y todavía en parte carnal e inclinado a los placeres de los sentidos, apartarse por completo de los deseos terrenales. Y por eso, cuando se aparta de estos, a menudo se entristece, y también se enoja fácilmente si alguien se opone a su voluntad.

2. Pero si, por otro lado, cede a su inclinación, inmediatamente es abrumado por la condenación de su conciencia; porque ha seguido su propio deseo y, sin embargo, de ninguna manera ha alcanzado la paz que esperaba. Porque la verdadera paz de corazón se encuentra en resistir la pasión, no en ceder a ella. Y por lo tanto, no hay paz en el corazón de un hombre carnal, ni en el que se entrega a las cosas externas, sino solo en aquel que es ferviente para con Dios y vive la vida del Espíritu.

CAPÍTULO VII: Del huir de la vana esperanza y del orgullo

Vana es la vida de aquel hombre que pone su confianza en los hombres o en cualquier cosa creada. No te avergüences de ser siervo de otros por amor a Jesucristo, y de ser considerado pobre en esta vida. No te apoyes en ti mismo, sino pon tu esperanza en Dios. Haz lo que esté en tu poder, y Dios ayudará tu buena intención. No confíes en tu saber, ni en la inteligencia de ningún viviente, sino más bien confía en el favor de Dios, que resiste a los soberbios y da gracia a los humildes.

2. No te jactes de tus riquezas si las tienes, ni de tus amigos si son poderosos, sino en Dios, que da todas las cosas y, además de todas las cosas, desea darse a Sí mismo. No te enorgullezcas por tu fuerza o belleza corporal, pues con solo una leve enfermedad flaqueará y se marchitará. No te envanezcas de tu habilidad o talento, no sea que desagrades a Dios, de quien proviene todo buen don que tenemos.

3. No te consideres mejor que los demás, no sea que quizás parezcas peor a los ojos de Dios, que sabe lo que hay en el hombre. No te enorgullezcas de tus buenas obras, pues los juicios de Dios son de otra índole que los juicios del hombre, y lo que agrada al hombre a menudo le desagrada a Él. Si tienes algún bien, cree que otros tienen más, y así podrás conservar tu humildad. No te perjudica si te pones por debajo de todos los demás; pero es un gran perjuicio si te pones por encima de uno solo. La paz está siempre con el hombre humilde, pero en el corazón del soberbio hay envidia e ira continua.

CAPÍTULO VIII: Del peligro de la excesiva familiaridad

No abras tu corazón a todo hombre, sino trata con quien es sabio y teme a Dios. Trata rara vez con los jóvenes y con los extraños. No seas adulador de los ricos; ni busques de buen grado la compañía de los grandes. Que tu compañía sea la de los humildes y los sencillos, los devotos y los amables, y que tu conversación sea sobre cosas que edifican. No tengas familiaridad con ninguna mujer, sino encomienda a todas las buenas mujeres por igual a Dios. Elige por compañeros solo a Dios y a Sus Ángeles, y huye de la atención de los hombres.

2. Debemos amar a todos los hombres, pero no hacer de todos compañeros cercanos. A veces sucede que alguien que nos es desconocido goza de gran estima por su buena fama, pero cuya persona, sin embargo, desagrada a quienes la ven. A veces pensamos agradar a otros con nuestra intimidad, y de inmediato les desagradamos más por los defectos de carácter que perciben en nosotros.

CAPÍTULO IX: De la obediencia y la sumisión

Es en verdad una gran cosa vivir en obediencia, estar bajo autoridad y no a nuestra propia disposición. Mucho más seguro es vivir en sumisión que en un puesto de autoridad. Muchos están en obediencia por necesidad más que por amor; estos lo toman a mal y se quejan por poca causa. Y no obtendrán libertad de espíritu, a menos que de todo corazón se sometan por amor a Dios. Aunque corras de aquí para allá, no encontrarás paz, salvo en la humilde sumisión a la autoridad de quien está puesto sobre ti. Las fantasías sobre lugares y cambios de ellos han engañado a muchos.

2. Verdad es que todo hombre sigue de buen grado su propia inclinación, y se inclina más hacia los que están de acuerdo con él. Pero si Cristo está entre nosotros, entonces es necesario que a veces renunciemos a nuestra propia opinión por el bien de la paz. ¿Quién es tan sabio como para tener conocimiento perfecto de todas las cosas? Por lo tanto, no confíes demasiado en tu propia opinión, sino está dispuesto también a escuchar las opiniones de los demás. Aunque tu propia opinión sea buena, si por amor a Dios renuncias a ella y sigues la de otro, mayor provecho sacarás de ello.

3. A menudo he oído que es más seguro escuchar y recibir consejo que darlo. También puede ocurrir que cada opinión sea buena; pero negarse a escuchar a los demás cuando la razón o la ocasión lo requieren, es señal de orgullo o terquedad.

CAPÍTULO X: Del peligro de la superfluidad de palabras

Evita cuanto puedas el tumulto de los hombres; pues la conversación sobre asuntos mundanos, aunque se emprenda inocentemente, es un estorbo, tan rápidamente somos cautivados y manchados por la vanidad. Muchas veces desearía haber guardado silencio y no haber ido entre los hombres. Pero, ¿por qué hablamos y chismorreamos tan continuamente, viendo que tan raramente reanudamos nuestro silencio sin algún daño a nuestra conciencia? Nos gusta tanto hablar porque esperamos con nuestras conversaciones obtener algún consuelo mutuo, y porque buscamos refrescar nuestros espíritus cansados con variedad de pensamientos. Y muy de buen grado hablamos y pensamos en aquellas cosas que amamos o deseamos, o bien en aquellas que más nos disgustan.

2. ¡Pero, ay, a menudo es inútil y en vano! Pues este consuelo exterior es un no pequeño impedimento para el consuelo interior que viene de Dios. Por tanto, debemos velar y orar para que el tiempo no pase ociosamente. Si es correcto y deseable que hables, habla de cosas que edifiquen. La mala costumbre y el descuido de nuestro verdadero provecho contribuyen mucho a que seamos negligentes en vigilar nuestros labios. Sin embargo, la conversación devota sobre cosas espirituales ayuda no poco al progreso espiritual, sobre todo donde aquellos de mente y espíritu afines encuentran su fundamento de comunión en Dios.

CAPÍTULO XI: De la búsqueda de la paz de espíritu y del progreso espiritual

Podemos gozar de abundante paz si nos abstenemos de ocuparnos en los dichos y hechos de otros, y en cosas que no nos conciernen. ¿Cómo puede permanecer mucho tiempo en paz quien se ocupa en los asuntos de otros hombres y en cosas fuera de sí mismo, y mientras tanto presta poca o rara atención al yo interior? Bienaventurados los sencillos de corazón, porque tendrán abundancia de paz.

2. ¿Cómo sucedió que muchos de los Santos fueran tan perfectos, tan contemplativos de las cosas divinas? Porque buscaron firmemente mortificarse de todos los deseos mundanos, y así pudieron aferrarse con todo su corazón a Dios, y estar libres y desocupados para el pensamiento de Él. Estamos demasiado ocupados con nuestros propios afectos y demasiado ansiosos por las cosas transitorias. Rara vez, también, vencemos por completo una sola falta, ni somos celosos por el crecimiento diario en la gracia. Y así permanecemos tibios y poco espirituales.

3. Si estuviéramos plenamente vigilantes de nosotros mismos y no atados en espíritu a las cosas externas, entonces podríamos ser sabios para la salvación y progresar en la contemplación divina. Nuestro grande y grave tropiezo es que, al no estar liberados de nuestros afectos y deseos, no nos esforzamos por entrar en el camino perfecto de los Santos. Y cuando nos sobreviene incluso una pequeña tribulación, demasiado pronto nos abatimos y acudimos al mundo en busca de consuelo.

4. Si nos comportáramos como hombres y nos esforzáramos por mantenernos firmes en la batalla, entonces veríamos al Señor ayudándonos desde el Cielo. Porque Él mismo está siempre dispuesto a ayudar a los que luchan y confían en Él; sí, Él nos proporciona ocasiones de lucha, para que podamos alcanzar la victoria. Si consideramos nuestro progreso en la religión como un progreso solo en observancias y formas externas, nuestra devoción pronto llegará a su fin. Pero pongamos el hacha en la misma raíz de nuestra vida, para que, purificados de los afectos, podamos poseer nuestras almas en paz.

5. Si cada año viéramos una falta desarraigada de nosotros, avanzaríamos rápidamente hacia la perfección. Pero, por el contrario, a menudo sentimos que éramos mejores y más santos al principio de nuestra conversión que después de muchos años de profesión. El celo y el progreso deberían aumentar día a día; sin embargo, ahora parece una gran cosa si uno es capaz de retener alguna porción de su primer ardor. Si pusiéramos un ligero esfuerzo en nosotros mismos al principio, después podríamos hacer todas las cosas con facilidad y alegría.

6. Es cosa dura romper un hábito, y aún más dura ir en contra de nuestra propia voluntad. Sin embargo, si no vences obstáculos pequeños y fáciles, ¿cómo vencerás los más grandes? Resiste a tu voluntad desde el principio y desaprende un mal hábito, no sea que te lleve poco a poco a peores dificultades. ¡Oh, si supieras cuánta paz para ti mismo te traería tu vida santa, y cuánta alegría para los demás, creo que serías más celoso por el provecho espiritual!

CAPÍTULO XII: De la utilidad de la adversidad

Es bueno para nosotros que a veces tengamos pesares y adversidades, pues a menudo hacen que el hombre recapacite en su corazón que no es más que un extranjero y un peregrino, y que no debe poner su confianza en ninguna cosa del mundo. Es bueno que a veces soportemos contradicciones, y que se nos juzgue dura e injustamente, cuando hacemos y queremos el bien. Porque estas cosas nos ayudan a ser humildes y nos protegen de la vanagloria. Pues entonces buscamos con más ahínco el testimonio de Dios, cuando los hombres hablan mal de nosotros falsamente y no nos dan crédito por el bien.

2. Por lo tanto, un hombre debería descansar enteramente en Dios, de modo que no necesite buscar mucho consuelo de mano de los hombres. Cuando un hombre que teme a Dios es afligido o probado u oprimido por malos pensamientos, entonces ve que Dios le es más necesario, ya que sin Dios no puede hacer nada bueno. Entonces se apesadumbra su corazón, gime, clama por la misma inquietud de su corazón. Entonces se cansa de la vida, y desearía partir y estar con Cristo. Por todo esto se le enseña que en el mundo no puede haber seguridad perfecta ni plenitud de paz.

CAPÍTULO XIII: De la resistencia a la tentación

Mientras vivamos en el mundo, no podemos estar sin tribulaciones y pruebas. Por eso está escrito en Job: «La vida del hombre sobre la tierra es una prueba»(**1**). Y por lo tanto, cada uno de nosotros debe prestar atención a las pruebas y tentaciones, y velar en oración, para que el diablo no encuentre ocasión de engañar; porque nunca duerme, sino que ronda buscando a quién devorar. Ningún hombre es tan perfecto en santidad que nunca tenga tentaciones, ni podemos estar nunca completamente libres de ellas.

2. Sin embargo, a pesar de todo, las tentaciones resultan de gran provecho para nosotros, aunque sean grandes y difíciles de soportar; pues a través de ellas somos humillados, purificados, instruidos. Todos los Santos han pasado por mucha tribulación y tentación, y se han beneficiado de ello. Y los que no resistieron la tentación se convirtieron en réprobos y se apartaron. No hay estado tan sagrado, ni lugar tan secreto, que esté sin tentaciones y adversidades.

3. No hay hombre completamente libre de tentaciones mientras viva, porque tenemos la raíz de la tentación dentro de nosotros mismos, en que nacemos en concupiscencia. Pasa una tentación o un pesar, y viene otro; y siempre tendremos algo que sufrir, porque hemos caído de la felicidad perfecta. Muchos que buscan huir de las tentaciones caen aún más profundamente en ellas. Con la sola huida no podemos vencer, sino con la paciencia y la verdadera humildad nos hacemos más fuertes que todos nuestros enemigos.

4. El que solo resiste exteriormente y no arranca de raíz, poco provecho sacará; más bien, las tentaciones volverán a él más rápidamente y serán más terribles. Poco a poco, con paciencia y longanimidad, vencerás con la ayuda de Dios, más que con la violencia y la fuerza de tu propia voluntad. En medio de la tentación, busca a menudo consejo; y no trates con dureza a quien es tentado, sino consuélale y fortalécele como querrías que hicieran contigo.

5. El principio de todas las tentaciones al mal es la inestabilidad de ánimo y la falta de confianza en Dios; pues así como un barco sin timón es zarandeado por las olas, así un hombre descuidado y débil de propósito es tentado, ora de un lado, ora de otro. Como el fuego prueba al hierro, así la tentación prueba al hombre justo. A menudo no sabemos qué fuerza tenemos; pero la tentación nos revela lo que somos. No obstante, debemos vigilar, especialmente en los comienzos de la tentación; pues entonces el enemigo es más fácilmente vencido, cuando no se le permite entrar en la mente, sino que se le hace frente fuera de la puerta tan pronto como ha llamado. Por eso dice uno: «Ataja los principios; lo que una vez pudiste haber curado, ha durado tanto que ya es tarde para tu habilidad». Pues primero viene a la mente la simple sugerencia, luego la fuerte imaginación, después el placer, el afecto maligno, el asentimiento. Y así, poco a poco, el enemigo entra por completo, porque no fue resistido al principio. Y cuanto más un hombre retrasa su resistencia, más débil se vuelve él, y más fuerte se vuelve el enemigo contra él.

6. Algunos hombres sufren sus tentaciones más graves al principio de su conversión, otros al final. Algunos son duramente probados durante toda su vida. Hay quienes son tentados solo ligeramente, según la sabiduría y la justicia del ordenamiento de Dios, que conoce el carácter y las circunstancias de los hombres, y ordena todas las cosas para el bienestar de Sus elegidos.

7. Por lo tanto, no debemos desesperar cuando somos tentados, sino que con más fervor debemos clamar a Dios, para que se digne ayudarnos en toda nuestra tribulación; y que Él, como dice San Pablo, junto con la tentación, nos dará también la salida para que podamos soportarla(**2**). Humillémonos, pues, bajo la poderosa mano de Dios en toda tentación y tribulación, porque Él salvará y exaltará a los de espíritu humilde.

8. En las tentaciones y tribulaciones se prueba a un hombre, qué progreso ha hecho, y en ello su recompensa es mayor, y su virtud se manifiesta más. No es gran cosa si un hombre es devoto y celoso mientras no sufre aflicción alguna; pero si se comporta pacientemente en tiempo de adversidad, entonces hay esperanza de gran progreso. Algunos son guardados de grandes tentaciones, pero son sorprendidos en las que son pequeñas y comunes, para que la humillación les enseñe a no confiar en sí mismos en las cosas grandes, siendo débiles en las pequeñas.

(**1**) Job vii. **1** (Vulg.). (**2**) **1** Corintios x. **13**.

CAPÍTULO XIV: De cómo evitar el juicio temerario

Mírate bien a ti mismo, y guárdate de juzgar las obras de los demás. Al juzgar a los demás, el hombre trabaja en vano; a menudo yerra y cae fácilmente en pecado; pero al juzgarse y examinarse a sí mismo, siempre trabaja con buen propósito. Según un asunto toca nuestra fantasía, así a menudo juzgamos de él; pues fácilmente fallamos en el verdadero juicio a causa de nuestro propio sentimiento personal. Si Dios fuera siempre el único objeto de nuestro deseo, menos fácilmente nos turbaría el juicio erróneo de nuestra fantasía.

2. Pero a menudo algún pensamiento secreto que acecha dentro de nosotros, o incluso alguna circunstancia externa, nos desvía. Muchos buscan secretamente sus propios fines en lo que hacen, y sin embargo no lo saben. Parecen vivir en buena paz de espíritu mientras las cosas les van bien y según sus deseos, pero si sus deseos se ven frustrados y rotos, inmediatamente se sienten sacudidos y disgustados. La diversidad de sentimientos y opiniones muy a menudo provoca disensiones entre amigos, entre compatriotas, entre hombres religiosos y piadosos.

3. La costumbre establecida no se abandona fácilmente, y ningún hombre es llevado con facilidad a ver con los ojos de otro. Si te apoyas más en tu propia razón o experiencia que en el poder de Jesucristo, tu luz llegará lenta y difícilmente; porque Dios quiere que estemos perfectamente sujetos a Él, y que toda nuestra razón sea exaltada por un amor abundante hacia Él.

CAPÍTULO XV: De las obras de caridad

Por ningún bien mundano, y por amor a ningún hombre, debe hacerse nada que sea malo; pero por la ayuda del que sufre, una buena obra debe a veces posponerse, o cambiarse por una mejor; pues en esto una buena obra no se destruye, sino que se mejora. Sin caridad ninguna obra aprovecha, mas todo lo que se hace en caridad, por pequeño y sin reputación que sea, da buen fruto; porque Dios en verdad considera más lo que un hombre es capaz de hacer, que la grandeza de lo que hace.

2. Mucho hace el que mucho ama. Mucho hace el que hace bien. Bien hace el que sirve al bien común más que al suyo propio. A menudo lo que parece ser caridad es más bien carnalidad, porque nace de la inclinación natural, de la propia voluntad, de la esperanza de recompensa, del deseo de ganancia.

3. El que tiene verdadera y perfecta caridad, de ninguna manera busca su propio bien, sino que desea que solo Dios sea glorificado en todo. No envidia a nadie, porque no anhela ninguna alegría egoísta; ni desea regocijarse en sí mismo, sino que anhela ser bendecido en Dios como el bien supremo. A nadie atribuye el bien, salvo solo a Dios, la Fuente de donde todo bien procede, y el Fin, la Paz, la alegría de todos los Santos. ¡Oh, el que tiene tan solo una chispa de verdadera caridad, ha aprendido en verdad que todas las cosas del mundo están llenas de vanidad!

CAPÍTULO XVI: De la tolerancia con las faltas de los demás

Aquellas cosas que un hombre no puede enmendar en sí mismo o en los demás, debe soportarlas pacientemente, hasta que Dios disponga de otro modo. Piensa que quizás es mejor para tu prueba y tu paciencia, sin las cuales nuestros méritos valen poco. Sin embargo, cuando encuentres tales impedimentos, debes suplicar a Dios que se digne sostenerte, para que puedas soportarlos con buena voluntad.

2. Si uno que es amonestado una o dos veces se niega a escuchar, no contiendas con él, sino encomiéndalo todo a Dios, para que se haga Su voluntad y se manifieste Su honor en Sus siervos, pues Él bien sabe cómo convertir el mal en bien. Esfuérzate por ser paciente en soportar las faltas y flaquezas de los demás, cualesquiera que sean, pues tú mismo también tienes muchas cosas que necesitan ser soportadas por otros. Si no puedes hacer de ti mismo lo que deseas, ¿cómo podrás moldear a otro a tu gusto? Estamos prestos a ver a los demás hechos perfectos, y sin embargo no enmendamos nuestras propias deficiencias.

3. Queremos que los demás sean corregidos estrictamente, pero no queremos ser corregidos nosotros mismos. La libertad de los demás nos desagrada, pero nos disgusta que se nos nieguen nuestros propios deseos. Deseamos que se hagan reglas que restrinjan a los demás, pero de ninguna manera sufriremos que se nos restrinja a nosotros. Así, pues, aparece claramente cuán raramente pesamos a nuestro prójimo en la misma balanza que a nosotros mismos. Si todos los hombres fueran perfectos, ¿qué tendríamos entonces que sufrir de los demás por Dios?

4. Pero ahora Dios ha ordenado así, para que aprendamos a llevar las cargas los unos de los otros, porque nadie está sin defecto, nadie sin carga, nadie es suficiente por sí mismo, nadie es lo suficientemente sabio por sí mismo; sino que nos corresponde soportarnos los unos a los otros, consolarnos los unos a los otros, ayudarnos, instruirnos, amonestarnos los unos a los otros. Cuánta fuerza tiene cada hombre se prueba mejor en las ocasiones de adversidad: pues tales ocasiones no hacen a un hombre frágil, sino que muestran de qué temple es.

CAPÍTULO XVII: De la vida religiosa

Te conviene aprender a mortificarte en muchas cosas, si quieres vivir en amistad y concordia con otros hombres. No es poca cosa habitar en una comunidad o congregación religiosa, y vivir allí sin queja, y permanecer fiel en ella hasta la muerte. Bienaventurado el que ha vivido una buena vida en tal cuerpo, y la ha llevado a un final feliz. Si quieres mantenerte firme y progresar como debes, considérate un exiliado y un peregrino sobre la tierra. Tendrás que ser tenido por necio por Cristo, si quieres llevar una vida religiosa.

2. El hábito y la apariencia exterior son de poca monta; es el cambio de carácter y la entera mortificación de los afectos lo que hace a un hombre verdaderamente religioso. El que busca algo que no sea Dios y la salud de su alma, solo encontrará tribulación y dolor. Tampoco puede permanecer mucho tiempo en paz, el que no se esfuerza por ser el último de todos y el siervo de todos.

3. Estás llamado a soportar y a trabajar, no a una vida de ocio y charla trivial. Aquí, por tanto, los hombres son probados como el oro en el crisol. Ningún hombre puede mantenerse firme, a menos que de todo corazón se humille por amor a Dios.

CAPÍTULO XVIII: Del ejemplo de los santos padres

Considera ahora los ejemplos vivos de los santos padres, en quienes resplandeció la verdadera perfección y religión, y verás cuán poco, casi nada, es todo lo que hacemos. ¡Ah! ¿Qué es nuestra vida comparada con la de ellos? Ellos, santos y amigos de Cristo como eran, sirvieron al Señor con hambre y sed, con frío y desnudez, con trabajo y fatiga, con vigilias y ayunos, con oración y santas meditaciones, en persecuciones y muchos oprobios.

2. ¡Oh, cuántas y cuán graves tribulaciones padecieron los Apóstoles, Mártires, Confesores, Vírgenes; y todos los demás que quisieron seguir las huellas[1] de Cristo! Pues aborrecieron sus almas en este mundo para conservarlas para la vida eterna. ¡Oh, qué vida tan estricta y retirada la de los santos padres que habitaron en el desierto! ¡Qué largas y penosas tentaciones sufrieron! ¡Cuán a menudo fueron asaltados por el enemigo! ¡Qué frecuentes y fervientes oraciones ofrecieron a Dios! ¡Qué estrictos ayunos soportaron! ¡Qué ferviente celo y deseo de provecho espiritual manifestaron! ¡Cuán valientemente lucharon para que sus vicios no los dominaran! ¡Cuán enteramente y con qué firmeza aspiraban a Dios! De día trabajaban, y de noche se entregaban a menudo a la oración; sí, incluso mientras trabajaban no cesaban en la oración mental.

3. Pasaban todo su tiempo provechosamente; cada hora parecía corta para el retiro con Dios; y por la gran dulzura de la contemplación, hasta la necesidad del sustento corporal era olvidada. Renunciaron a todas las riquezas, dignidades, honores, amigos, parientes; no deseaban nada del mundo; comían lo estrictamente necesario para la vida; no querían servir al cuerpo ni siquiera en la necesidad. Así eran pobres en cosas terrenales, pero inmensamente ricos en gracia y virtud. Aunque pobres a la vista exterior, por dentro estaban llenos de gracia y bendiciones celestiales.

4. Eran extraños al mundo, pero para con Dios eran como parientes y amigos. Se consideraban a sí mismos como de ninguna reputación, y a los ojos del mundo despreciables; pero a los ojos de Dios eran preciosos y amados. Se mantuvieron firmes en la verdadera humildad, vivieron en simple obediencia, caminaron en amor y paciencia; y así se fortalecieron en espíritu y obtuvieron gran favor ante Dios. A todos los religiosos fueron dados como ejemplo, y deberían incitarnos más a la buena vida que lo que el número de los tibios nos tienta a la negligencia.

5. ¡Oh, cuán grande era el amor de todos los religiosos al principio de esta sagrada institución! ¡Oh, qué devoción en la oración! ¡Qué rivalidad en la santidad! ¡Qué estricta disciplina se observaba! ¡Qué reverencia y obediencia bajo la regla del maestro mostraban en todas las cosas! Las huellas de ellos que permanecen hasta ahora testifican que fueron hombres verdaderamente santos y perfectos, que luchando tan valientemente pisotearon el mundo. Ahora se considera grande a un hombre si tan solo no es un transgresor, y si puede soportar con paciencia lo que ha emprendido.

6. ¡Oh, la frialdad y negligencia de nuestros tiempos, que tan rápidamente declinamos del amor de antaño, y se ha vuelto un hastío vivir, a causa de la pereza y la tibieza! ¡Que no se duerma del todo en ti el progreso en la santidad, tú que tantas veces has visto tantos ejemplos de hombres devotos!

CAPÍTULO XIX: De los ejercicios de un hombre religioso

La vida de un cristiano debe estar adornada con todas las virtudes, para que sea interiormente lo que aparenta exteriormente a los hombres. Y en verdad, debería ser aún mejor por dentro que por fuera, pues Dios es un escrutador de nuestro corazón, a Quien debemos reverenciar con todo nuestro corazón dondequiera que estemos, y caminar puros en Su presencia como lo hacen los ángeles. Debemos renovar diariamente nuestros propósitos, y encender nuestros corazones al celo, como si cada día fuera el primer día de nuestra conversión, y decir: «¡Ayúdame, oh Dios, en mis buenos propósitos, y en Tu santo servicio, y concédeme que hoy pueda hacer un buen comienzo, pues hasta ahora no he hecho nada!».

2. Según nuestro propósito, así es el ritmo de nuestro progreso, y mucha diligencia necesita el que quiere progresar bien. Porque si el que resuelve valientemente a menudo se queda corto, ¿qué será del que resuelve rara o débilmente? Pero múltiples causas provocan el abandono de nuestro propósito, y sin embargo, una omisión trivial de los ejercicios santos difícilmente puede hacerse sin alguna pérdida para nosotros. La resolución de los justos depende más de la gracia de Dios que de su propia sabiduría; pues en Él siempre ponen su confianza, cualquier cosa que emprendan. Porque el hombre propone, pero Dios dispone; y el camino del hombre no está en sí mismo(**1**).

3. Si un ejercicio santo se omite a veces por causa de algún acto de piedad, o de alguna bondad fraterna, puede reanudarse fácilmente después; pero si se descuida por desgana o pereza, entonces es pecaminoso, y se sentirá el daño. Esforcémonos cuanto podamos, y aun así nos quedaremos cortos en muchas cosas. Siempre debemos tomar alguna resolución definida; y, sobre todo, debemos luchar contra aquellos pecados que más fácilmente nos asedian. Tanto nuestra vida exterior como la interior deben ser estrictamente examinadas y gobernadas por nosotros, porque ambas tienen que ver con nuestro progreso.

4. Si no puedes examinarte siempre, puedes hacerlo en ciertas épocas, y al menos dos veces al día, por la tarde y por la mañana. Por la mañana haz tus propósitos, y por la tarde examina tu vida, cómo te ha ido hoy en palabra, obra y pensamiento; pues de estas maneras a menudo has ofendido, quizás, a Dios y a tu prójimo. Cíñete los lomos como un hombre contra los asaltos del diablo; refrena tu apetito, y pronto podrás refrenar toda inclinación de la carne. Nunca estés sin algo que hacer; está leyendo, o escribiendo, o rezando, o meditando, o haciendo algo que sea útil para la comunidad. Los ejercicios corporales, sin embargo, deben emprenderse con discreción, y no deben ser usados por todos por igual.

5. Los deberes que no son comunes a todos no deben hacerse abiertamente, sino que es más seguro llevarlos a cabo en secreto. Pero ten cuidado de no ser negligente en los deberes comunes, y más devoto en los secretos; sino cumple fiel y honestamente los deberes y mandatos que te incumben, y luego, si todavía tienes tiempo, entrégate a ti mismo según te guíe tu devoción. No todos pueden tener un mismo ejercicio, sino que uno conviene más a este hombre y otro a aquel. Incluso para la diversidad de las estaciones se necesitan diferentes ejercicios, algunos convienen más para las fiestas, otros para los ayunos. Necesitamos un tipo en tiempo de tentaciones y otros en tiempo de paz y quietud. Algunos son adecuados para nuestros momentos de tristeza, y otros cuando estamos gozosos en el Señor.

6. Cuando nos acercamos a la época de las grandes fiestas, deben renovarse los buenos ejercicios, y suplicarse más fervientemente las oraciones de los santos. Debemos hacer nuestros propósitos de una fiesta a otra, como si cada una fuera el período de nuestra partida de este mundo y de nuestra entrada en la fiesta eterna. Así debemos prepararnos fervientemente en las épocas solemnes, y vivir más solemnemente, y guardar la más estricta vigilancia sobre cada santa observancia, como si fuéramos a recibir pronto la recompensa de nuestros trabajos de la mano de Dios.

7. Y si esto se aplaza, creamos que aún estamos mal preparados, e indignos todavía de la gloria que se revelará en nosotros en el tiempo señalado; y esforcémonos por prepararnos mejor para nuestro fin. Bienaventurado aquel siervo, como dice el evangelista Lucas, a quien, cuando el Señor venga, lo encuentre velando. En verdad os digo que lo pondrá por señor de todo lo que tiene(**2**).

(**1**) Jeremías x. **23**. (**2**) Lucas xii. **43**, **44**.

CAPÍTULO XX: Del amor a la soledad y al silencio

Busca un tiempo adecuado para tu meditación, y piensa con frecuencia en las misericordias de Dios para contigo. Deja las cuestiones curiosas. Estudia aquellas materias que te traen dolor por el pecado en lugar de entretenimiento. Si te apartas de las conversaciones triviales y de los ociosos vagabundeos, así como de las novedades y los chismes, encontrarás tiempo suficiente y apto para la buena meditación. Los más grandes santos solían evitar en lo posible la compañía de los hombres, y elegían vivir en secreto con Dios.

2. Alguien ha dicho: «Tantas veces como he estado entre los hombres, tantas veces he vuelto menos hombre». Esto es lo que a menudo experimentamos cuando hemos estado mucho tiempo en conversación. Porque es más fácil estar completamente en silencio que no excederse en la palabra. Es más fácil permanecer escondido en casa que guardarse suficientemente fuera de ella. Por tanto, el que busca alcanzar lo que es oculto y espiritual, debe ir con Jesús «apartado de la multitud». Nadie sale con seguridad que no ame descansar en casa. Nadie habla con seguridad sino el que ama guardar silencio. Nadie gobierna con seguridad sino el que ama estar sujeto. Nadie manda con seguridad sino el que ama obedecer.

3. Nadie se regocija con seguridad sino el que tiene el testimonio de una buena conciencia dentro de sí. La audacia de los Santos siempre estuvo llena del temor de Dios. Ni eran menos fervorosos y humildes en sí mismos, porque resplandecieran con grandes virtudes y gracia. Pero la audacia de los malvados brota del orgullo y la presunción, y al final se convierte en su propia confusión. Nunca te prometas seguridad en esta vida, por muy buen monje o devoto solitario que parezcas.

4. A menudo, los que están más altos en la estima de los hombres, caen más gravemente a causa de su excesiva confianza. Por lo cual es muy provechoso para muchos que no estén sin tentación interior, sino que sean frecuentemente asaltados, para que no tengan demasiada confianza, para que no se enorgullezcan, o para que no se apoyen demasiado libremente en las consolaciones del mundo. ¡Oh, qué buena conciencia guardaría aquel hombre que nunca buscó una alegría pasajera, que nunca se enredó con el mundo! ¡Oh, qué gran paz y quietud poseería, el que se despojara de todo vano cuidado, y pensara solo en cosas saludables y divinas, y edificara toda su esperanza en Dios!

5. Nadie es digno de consolación celestial sino el que se ha ejercitado diligentemente en la santa compunción. Si quieres sentir compunción en tu corazón, entra en tu aposento y excluye los tumultos del mundo, como está escrito: «Meditad en vuestro corazón, en vuestro aposento, y callad»(**1**). En el retiro encontrarás lo que a menudo perderás fuera. El retiro, si continúas en él, se vuelve dulce, pero si no te mantienes en él, engendra hastío. Si al principio de tu conversión habitas en él y lo guardas bien, será después para ti un amigo querido y un solaz muy placentero.

6. En el silencio y la quietud el alma devota avanza y aprende las cosas ocultas de las Escrituras. Allí encuentra una fuente de lágrimas, en la que lavarse y limpiarse cada noche, para hacerse más querida a su Creador a medida que habita más lejos de toda distracción mundana. Al que se aparta de sus conocidos y amigos, Dios con sus santos ángeles se acercará. Es mejor ser desconocido y cuidarse a sí mismo que descuidarse y hacer maravillas. Es loable para un religioso salir raramente, huir de ser visto, no tener deseo de ver a los hombres.

7. ¿Por qué querrías ver lo que no puedes tener? El mundo pasa y sus concupiscencias. Los deseos de la sensualidad te arrastran fuera, pero cuando pasa una hora, ¿qué traes a casa, sino un peso en tu conciencia y distracción de corazón? Una salida alegre a menudo trae un regreso triste, y una tarde alegre hace una mañana triste. Así toda alegría carnal comienza agradablemente, pero al final carcome y destruye. ¿Qué puedes ver fuera que no veas en casa? He aquí el cielo y la tierra y los elementos, pues de ellos están hechas todas las cosas.

8. ¿Qué puedes ver en cualquier lugar que pueda durar mucho tiempo bajo el sol? Crees tal vez que te saciarás, pero nunca podrás alcanzarlo. Si vieras todas las cosas ante ti de una vez, ¿qué sería sino una vana visión? Levanta tus ojos a Dios en lo alto, y reza para que tus pecados y negligencias sean perdonados. Deja las cosas vanas a los hombres vanos, y ocúpate de las cosas que Dios te ha mandado. Cierra tu puerta sobre ti, y llama a tu lado a Jesús, tu amado. Permanece con Él en tu aposento, pues no encontrarás en otro lugar tan gran paz. Si no hubieras salido ni escuchado vanas conversaciones, te habrías mantenido mejor en buena paz. Pero como a veces te deleita oír cosas nuevas, debes por tanto sufrir turbación de corazón.

(**1**) Salmo iv. **4**.

CAPÍTULO XXI: De la compunción de corazón

Si quieres hacer algún progreso, mantente en el temor de Dios, y no anheles ser demasiado libre, sino refrena todos tus sentidos bajo disciplina y no te entregues a la alegría insensata. Entrégate a la compunción de corazón y encontrarás la devoción. La compunción abre el camino a muchas cosas buenas, que la disolución suele perder rápidamente. Es admirable que un hombre pueda regocijarse de corazón en esta vida si considera y sopesa su destierro y los múltiples peligros que acechan a su alma.

2. Por ligereza de corazón y descuido de nuestras faltas no sentimos las penas de nuestra alma, sino que a menudo reímos en vano cuando tenemos buena causa para llorar. No hay verdadera libertad ni alegría real, salvo en el temor de Dios con una buena conciencia. Feliz el que puede desechar toda causa de distracción y entregarse al único propósito de la santa compunción. Feliz el que aparta de sí todo lo que pueda manchar o cargar su conciencia. Lucha virilmente; la costumbre se vence con la costumbre. Si sabes dejar en paz a los hombres, ellos te dejarán gustosamente en paz para que hagas tus propias obras.

3. No te ocupes en los asuntos de los demás, ni te enredes en los negocios de los grandes. Mantén siempre tus ojos sobre ti mismo ante todo, y aconséjate a ti mismo especialmente antes que a todos tus amigos más queridos. Si no tienes el favor de los hombres, no te abatas por ello, sino que tu preocupación sea que no te mantienes tan bien y circunspectamente como corresponde a un siervo de Dios y a un monje devoto. A menudo es mejor y más seguro para un hombre no tener muchos consuelos en esta vida, especialmente los que conciernen a la carne. Pero que nos falten los consuelos divinos o los sintamos raramente es por culpa nuestra, porque no buscamos la compunción de corazón, ni desechamos por completo los consuelos vanos y mundanos.

4. Reconócete indigno de la consolación divina, y más bien digno de mucha tribulación. Cuando un hombre tiene perfecta compunción, entonces todo el mundo le resulta gravoso y amargo. Un buen hombre encontrará motivo suficiente para el luto y el llanto; pues ya sea que se considere a sí mismo, o que reflexione sobre su prójimo, sabe que ningún hombre vive aquí sin tribulación, y cuanto más a fondo se considera a sí mismo, tanto más a fondo se aflige. Motivos para un justo dolor y una compunción interior hay en nuestros pecados y vicios, en los que yacemos tan enredados que rara vez somos capaces de contemplar las cosas celestiales.

5. Si pensaras en tu muerte más a menudo que en cuán larga será tu vida, sin duda te esforzarías más seriamente por mejorar. Y si consideraras seriamente las futuras penas del infierno, creo que soportarías voluntariamente el trabajo o el dolor y no temerías la disciplina. Pero como estas cosas no llegan al corazón, y todavía amamos las cosas placenteras, por eso permanecemos fríos y miserablemente indiferentes.

6. A menudo es por pobreza de espíritu que el miserable cuerpo es tan fácilmente llevado a quejarse. Ruega, pues, humildemente al Señor que te dé el espíritu de compunción y di en el lenguaje del profeta: «Aliméntame, Señor, con pan de lágrimas, y dame a beber lágrimas en abundancia»(**1**).

(**1**) Salmo lxxx. **5**.

CAPÍTULO XXII: De la contemplación de la miseria humana

Eres miserable dondequiera que estés, y adondequiera que te vuelvas, a menos que te vuelvas a Dios. ¿Por qué te inquietas porque no te sucede según tus deseos y anhelos? ¿Quién es el que tiene todo según su voluntad? Ni yo, ni tú, ni ningún hombre sobre la tierra. No hay hombre en el mundo libre de tribulación o angustia, aunque fuera Rey o Papa. ¿Quién es el que tiene la suerte más feliz? Aun aquel que es fuerte para sufrir algo por Dios.

2. Hay muchos hombres necios e inestables que dicen: «Mira qué vida tan próspera tiene ese hombre, qué rico y qué grande es, qué poderoso, qué exaltado». Pero levanta tus ojos a los bienes del cielo, y verás que todas estas cosas del mundo no son nada, son totalmente inciertas, sí, son fatigosas, porque nunca se poseen sin cuidado y temor. La felicidad del hombre no reside en la abundancia de bienes temporales, sino que una porción moderada le basta. Nuestra vida sobre la tierra es verdaderamente miseria. Cuanto más un hombre desea ser espiritual, tanto más amarga se le vuelve la vida presente; porque comprende y ve mejor los defectos de la corrupción humana. Porque comer, beber, velar, dormir, descansar, trabajar y estar sujeto a las otras necesidades de la naturaleza, es verdaderamente una gran miseria y aflicción para un hombre devoto, que de buena gana querría ser liberado y libre de todo pecado.

3. Porque el hombre interior está pesadamente cargado con las necesidades del cuerpo en este mundo. Por lo cual el profeta devotamente ruega ser liberado de ellas, diciendo: «Líbrame de mis necesidades, oh Señor»(**1**). Pero ¡ay de aquellos que no conocen su propia miseria, y mayor ay de aquellos que aman esta vida miserable y corruptible! Porque hasta tal punto algunos se aferran a ella (aunque trabajando o mendigando apenas consiguen lo necesario para subsistir) que si pudieran vivir aquí siempre, no les importaría nada el Reino de Dios.

4. ¡Oh, necios e infieles de corazón, que yacen tan profundamente enterrados en las cosas del mundo, que no saborean nada salvo las cosas de la carne! ¡Miserables! demasiado tristemente descubrirán al final, cuán vil y sin valor era aquello que amaban. Los santos de Dios y todos los amigos leales de Cristo no tuvieron en nada las cosas que agradaban a la carne, o las que florecían en esta vida, sino que toda su esperanza y afecto aspiraban a las cosas de arriba. Todo su deseo era llevado hacia arriba, a las cosas eternas e invisibles, para no ser arrastrados hacia abajo por el amor de las cosas visibles.

5. No pierdas, hermano, tu leal deseo de progresar hacia las cosas espirituales. Todavía hay tiempo, la hora no ha pasado. ¿Por qué pospondrás tu resolución? Levántate, comienza en este mismo momento, y di: «Ahora es el tiempo de actuar; ahora es el tiempo de luchar, ahora es el tiempo apropiado para la enmienda». Cuando estás indispuesto y atribulado, entonces es el tiempo en que estás más cerca de la bendición. Debes pasar por fuego y por agua para que Dios te lleve a un lugar de abundancia. A menos que te fuerces a ti mismo, no vencerás tus faltas. Mientras llevemos con nosotros este frágil cuerpo, no podemos estar sin pecado, no podemos vivir sin fatiga y sin problemas. Con gusto quisiéramos descansar de toda miseria; pero como por el pecado hemos perdido la inocencia, hemos perdido también la verdadera felicidad. Por lo tanto, debemos ser pacientes y esperar la misericordia de Dios, hasta que esta tiranía haya pasado, y esta mortalidad sea absorbida por la vida.

6. ¡Oh, cuán grande es la fragilidad del hombre, que siempre está propenso al mal! Hoy confiesas tus pecados, y mañana cometes de nuevo los pecados que confesaste. Ahora resuelves evitar una falta, y en una hora te comportas como si nunca hubieras resuelto nada. Buena causa tenemos, por tanto, para humillarnos y nunca pensar muy bien de nosotros mismos, viendo que somos tan frágiles e inestables. Y rápidamente puede perderse por nuestra negligencia, lo que con mucho trabajo apenas se alcanzó por la gracia.

7. ¿Qué será de nosotros al final, si al principio somos tibios y ociosos? ¡Ay de nosotros, si elegimos descansar, como si fuera un tiempo de paz y seguridad, mientras que todavía no aparece en nuestra vida ninguna señal de verdadera santidad! Más bien necesitaríamos poder empezar de nuevo, como buenos novicios, a ser instruidos para la buena vida, si acaso hubiera esperanza de alguna futura enmienda y mayor crecimiento espiritual.

(**1**) Salmo xxv. **17**.

CAPÍTULO XXIII: De la meditación sobre la muerte

Muy pronto llegará tu fin aquí; ten cuidado, por tanto, de cómo te irá en el otro mundo. Hoy el hombre es, y mañana ya no será visto. Y siendo quitado de la vista, rápidamente también es quitado de la mente. ¡Oh, la torpeza y dureza del corazón del hombre, que solo piensa en el presente, y no mira hacia el futuro! Deberías en cada acto y pensamiento ordenarte a ti mismo como si fueras a morir este día. Si tuvieras una buena conciencia, no temerías mucho la muerte. Sería mejor para ti vigilar contra el pecado que huir de la muerte. Si hoy no estás preparado, ¿cómo estarás preparado mañana? El mañana es un día incierto; ¿y cómo sabes que tendrás un mañana?

2. ¿De qué aprovecha vivir mucho, cuando nos enmendamos tan poco? ¡Ah! la larga vida no siempre enmienda, sino que a menudo aumenta más la culpa. ¡Oh, si pudiéramos pasar un solo día en este mundo como se debe pasar! Muchos son los que cuentan los años desde que se convirtieron, y sin embargo, ¡cuán poco es a menudo el fruto de ello! Si es temible morir, puede que sea aún más temible vivir mucho. Feliz el hombre que tiene siempre ante sus ojos la hora de su muerte, y se prepara diariamente para morir. Si alguna vez has visto morir a alguien, considera que tú también pasarás por el mismo camino.

3. Cuando es de mañana, reflexiona que tal vez no verás la tarde, y al anochecer no te atrevas a jactarte del mañana. Está siempre preparado, y vive de tal manera que la muerte nunca te encuentre desprevenido. Muchos mueren súbita e inesperadamente. Porque a la hora que no pensáis, vendrá el Hijo del Hombre(**1**). Cuando llegue esa última hora, empezarás a pensar muy diferente de toda tu vida pasada, y te lamentarás amargamente de haber sido tan negligente y perezoso.

4. ¡Feliz y sabio el que ahora se esfuerza por ser en vida tal como quisiera ser hallado en la muerte! Porque un perfecto desprecio del mundo, un ferviente deseo de sobresalir en la virtud, el amor a la disciplina, el esfuerzo de la penitencia, la prontitud para obedecer, la negación de sí mismo, la sumisión a cualquier adversidad por amor a Cristo; estas son las cosas que darán gran confianza de una muerte feliz. Mientras estás sano tienes muchas oportunidades de hacer buenas obras; pero cuando estás enfermo no sé cuánto podrás hacer. Pocos mejoran con la enfermedad: así como los que mucho viajan rara vez se vuelven santos.

5. No confíes en tus amigos y parientes, ni pospongas la obra de tu salvación para el futuro, pues los hombres te olvidarán antes de lo que piensas. Es mejor para ti proveer ahora a tiempo, y enviar algún bien por delante, que confiar en la ayuda de otros. Si no te preocupas por ti mismo ahora, ¿quién, piensas, se preocupará por ti después? Ahora el tiempo es preciosísimo. Ahora es el tiempo aceptable, ahora es el día de la salvación. ¡Pero, ay, que no gastas bien este tiempo, en el que podrías atesorar un tesoro que te aprovecharía eternamente! Llegará la hora en que desearás un día, sí, una hora, para enmendar tu vida, y no sé si lo obtendrás.

6. ¡Oh, amado mío, de qué peligro podrías liberarte, de qué gran temor, si solo vivieras siempre con temor y en expectación de la muerte! Esfuérzate ahora por vivir de tal manera que en la hora de la muerte puedas más bien regocijarte que temer. Aprende ahora a morir al mundo, y así empezarás a vivir con Cristo. Aprende ahora a despreciar todas las cosas terrenales, y entonces podrás ir libremente a Cristo. Mantén tu cuerpo bajo control mediante la penitencia, y entonces podrás tener una confianza segura.

7. ¡Ah, necio! ¿Por qué piensas que vivirás mucho, cuando no estás seguro de un solo día? ¡Cuántos han sido engañados, y de repente han sido arrebatados del cuerpo! ¡Cuántas veces has oído cómo uno fue muerto por la espada, otro se ahogó, otro cayendo de lo alto se rompió el cuello, otro murió en la mesa, otro mientras jugaba! Uno murió por el fuego, otro por la espada, otro por la peste, otro por el ladrón. Así llega la muerte a todos, y la vida de los hombres pasa velozmente como una sombra.

8. ¿Quién se acordará de ti después de tu muerte? ¿Y quién rogará por ti? Trabaja, trabaja ahora, oh amado mío, trabaja todo lo que puedas. Porque no sabes cuándo morirás, ni qué te sucederá después de la muerte. Mientras tienes tiempo, atesora para ti riquezas inmortales. No pienses en nada más que en tu salvación; preocúpate solo de las cosas de Dios. Hazte amigos, venerando a los santos de Dios y siguiendo sus pasos, para que cuando faltes, seas recibido en las moradas eternas(**2**).

9. Mantente como un extranjero y un peregrino sobre la tierra, a quien no le pertenecen las cosas del mundo. Mantén tu corazón libre y elevado hacia Dios, porque aquí no tenemos ciudad permanente(**3**). A Él dirige tus oraciones diarias con clamores y lágrimas, para que tu espíritu sea hallado digno de pasar felizmente después de la muerte a su Señor. Amén.

(**1**) Mateo xxiv. **44**. (**2**) Lucas xvi. **9**. (**3**) Hebreos xiii. **14**.

CAPÍTULO XXIV: Del juicio y castigo de los impíos

En todo lo que hagas, recuerda el fin, y cómo te presentarás ante un juez estricto, de quien nada se oculta, que no se soborna con regalos, ni acepta excusas, sino que juzgará con justo juicio. ¡Oh, pecador miserabilísimo y necio, que a veces temes el rostro de un hombre airado, qué responderás a Dios, que conoce todas tus fechorías? ¿Por qué no te preparas para el día del juicio, cuando nadie podrá ser excusado o defendido por medio de otro, sino que cada uno llevará su carga solo? Ahora tu trabajo da fruto, ahora tu llanto es aceptable, tu gemido oído, tu dolor agradable a Dios y purificador para tu alma.

2. Incluso aquí en la tierra, el hombre paciente encuentra gran ocasión para purificar su alma. Cuando sufre injurias, se aflige más por la malicia del otro que por su propio mal; cuando ora de corazón por los que lo ultrajan y los perdona de corazón; cuando no tarda en pedir perdón a los demás; cuando es más rápido para la compasión que para la ira; cuando frecuentemente se niega a sí mismo y se esfuerza por someter por completo la carne al espíritu. Mejor es ahora purificar el alma del pecado que aferrarse a los pecados de los que tendremos que ser purgados en el más allá. Verdaderamente nos engañamos a nosotros mismos por el amor desordenado que tenemos hacia la carne.

3. ¿Qué es lo que ese fuego devorará, sino tus pecados? Cuanto más te consientas a ti mismo y sigas a la carne, tanto más pesado será tu castigo, y más combustible estás acumulando para la hoguera. Porque en lo que un hombre ha pecado, en eso será más duramente castigado. Allí los perezosos serán aguijoneados con puntas ardientes, y los glotones serán atormentados con hambre y sed intolerables. Allí los lujuriosos y los amantes del placer serán sumergidos en pez ardiente y azufre apestoso, y los envidiosos aullarán como perros rabiosos de puro dolor.

4. No habrá allí pecado que no sea castigado con su propio y debido castigo. Los soberbios se llenarán de total confusión, y los avaros serán atenazados por una miserable pobreza. Una hora de dolor allí será más penosa que cien años aquí de la más amarga penitencia. No habrá allí sosiego, ni consuelo para los perdidos, aunque aquí a veces hay respiro del dolor y disfrute del solaz de los amigos. Preocúpate ahora y afígete por tus pecados, para que en el día del juicio puedas tener audacia con los bienaventurados. Porque entonces el justo se levantará con gran audacia ante el rostro de los que le han afligido y no han hecho caso de sus trabajos(**1**). Entonces se levantará para juzgar, él que ahora se somete con humildad a los juicios de los hombres. Entonces el pobre y humilde tendrá gran confianza, mientras que el soberbio estará rodeado de temor por todas partes.

5. Entonces se verá que el hombre sabio en este mundo fue el que aprendió a ser necio y despreciado por Cristo. Entonces toda tribulación pacientemente soportada nos deleitará, mientras que la boca de los impíos será cerrada. Entonces todo hombre piadoso se regocijará, y todo hombre profano se lamentará. Entonces la carne afligida se regocijará más que si hubiera sido siempre nutrida en delicias. Entonces la humilde vestidura se revestirá de belleza, y la preciosa túnica se ocultará como vil. Entonces la pequeña y pobre cabaña será más alabada que el palacio dorado. Entonces la paciencia perseverante tendrá más poder que toda la fuerza del mundo. Entonces la simple obediencia será más exaltada que toda la sabiduría mundana.

6. Entonces una conciencia pura y buena se regocijará más que la filosofía erudita. Entonces el desprecio de las riquezas tendrá más peso que todo el tesoro de los hijos de este mundo. Entonces encontrarás más consuelo en haber orado devotamente que en haber comido suntuosamente. Entonces te regocijarás más en haber guardado silencio que en haber hablado mucho. Entonces las obras santas serán mucho más fuertes que muchas palabras hermosas. Entonces una vida estricta y una penitencia sincera traerán un placer más profundo que todo el deleite terrenal. Aprende ahora a sufrir un poco, para que entonces puedas ser capaz de escapar de sufrimientos más pesados. Prueba primero aquí, lo que eres capaz de soportar en el más allá. Si ahora puedes soportar tan poco, ¿cómo podrás soportar los tormentos eternos? Si ahora un poco de sufrimiento te vuelve tan impaciente, ¿qué hará entonces el fuego del infierno? He aquí, ciertamente no puedes tener dos paraísos, saciarte o deleitarte aquí en este mundo, y reinar con Cristo en el más allá.

7. Si hasta este día hubieras vivido siempre en honores y placeres, ¿de qué te aprovecharía todo si ahora la muerte te llegara en un instante? Todo, por tanto, es vanidad, salvo amar a Dios y servirle solo a Él. Porque el que ama a Dios con todo su corazón no teme la muerte, ni el castigo, ni el juicio, ni el infierno, porque el amor perfecto da acceso seguro a Dios. Pero el que todavía se deleita en el pecado, no es de extrañar que tema la muerte y el juicio. Sin embargo, es bueno que, si el amor**2** aún no puede apartarte del mal, al menos el temor del infierno te refrene. Pero el que deja de lado el temor de Dios no puede continuar mucho tiempo en el bien, sino que caerá rápidamente en las trampas del diablo.

(**1**) Sabiduría v. **1**.

CAPÍTULO XXV: De la celosa enmienda de toda nuestra vida

Sé vigilante y diligente en el servicio de Dios, y piensa a menudo por qué has renunciado al mundo. ¿No fue para que pudieras vivir para Dios y convertirte en un hombre espiritual? Sé celoso, por tanto, por tu provecho espiritual, pues recibirás en breve la recompensa de tus trabajos, y ni el temor ni el dolor volverán a entrar en tus confines. Ahora trabajarás un poco, y encontrarás un gran descanso, sí, una alegría eterna. Si permaneces fiel y celoso en el trabajo, no dudes que Dios será fiel y generoso al recompensarte. Es tu deber tener una buena esperanza de que alcanzarás la victoria, pero no debes caer en la seguridad para no volverte perezoso o engreído.

2. Un cierto hombre, estando en ansiedad de espíritu, continuamente zarandeado entre la esperanza y el temor, y estando un día abrumado por el dolor, se postró en oración ante el altar en una iglesia, y meditó dentro de sí, diciendo: «¡Oh, si supiera que perseveraré!», y al instante oyó dentro de sí una voz de Dios: «Y si lo supieras, ¿qué harías? Haz ahora lo que harías entonces, y estarás muy seguro». Y al instante, consolado y fortalecido, se encomendó a la voluntad de Dios y la perturbación de espíritu cesó, y ya no tuvo más deseo de indagar curiosamente para saber qué le sucedería en el futuro, sino que se dedicó más bien a inquirir cuál era la voluntad buena y aceptable de Dios, para el comienzo y la perfección de toda buena obra.

3. «Espera en el Señor y haz el bien», dice el Profeta; «habita en la tierra y serás alimentado»(**1**) con sus riquezas. Hay una cosa que retiene a muchos del progreso y de la enmienda ferviente, el temor a la dificultad, o el trabajo del conflicto. Sin embargo, avanzan por encima de todos los demás en virtud aquellos que luchan virilmente por vencer las cosas que les son más penosas y contrarias, pues allí un hombre aprovecha más y merece mayor gracia donde más se vence a sí mismo y se mortifica en espíritu.

4. Pero no todos los hombres tienen las mismas pasiones que vencer y mortificar; sin embargo, el que es diligente obtendrá más provecho, aunque tenga pasiones más fuertes, que otro que es de disposición más templada, pero es, con todo, menos ferviente en la búsqueda de la virtud. Dos cosas especialmente ayudan a la mejora en la santidad, a saber, la firmeza para apartarnos del pecado al que por naturaleza estamos más inclinados, y el celo ardiente por aquel bien en el que más nos falta. Y esfuérzate también muy seriamente por guardarte y someter aquellas faltas que más frecuentemente te disgustan en los demás.

5. Saca algún provecho para tu alma dondequiera que estés, y dondequiera que veas u oigas buenos ejemplos, anímate a seguirlos, pero donde veas algo que es reprensible, ten cuidado de no hacer lo mismo; o si en algún momento lo has hecho, esfuérzate por enmendarte rápidamente. Así como tu ojo observa a los demás, así también los ojos de los demás están sobre ti. ¡Cuán dulce y agradable es ver a hermanos celosos y piadosos, templados y de buena disciplina; y cuán triste y penoso es verlos caminar desordenadamente, no practicando los deberes a los que son llamados! ¡Qué perjudicial es descuidar el propósito de su vocación y dirigir sus inclinaciones a cosas que no son de su incumbencia!

6. Sé consciente de los deberes que has asumido, y pon siempre ante ti el recuerdo del Crucificado. Verdaderamente deberías avergonzarte al mirar la vida de Jesucristo, porque aún no te has esforzado por conformarte más a Él, aunque llevas mucho tiempo en el camino de Dios. Un religioso que se ejercita seria y devotamente en la santísima vida y pasión de nuestro Señor encontrará allí abundantemente todas las cosas que le son provechosas y necesarias, y no necesita buscar nada mejor más allá de Jesús. ¡Oh, si Jesús crucificado viniera a nuestros corazones, cuán rápida y completamente habríamos aprendido todo lo que necesitamos saber!

7. El que es fervoroso recibe y soporta bien todas las cosas que se le imponen. El que es negligente y tibio tiene tribulación sobre tribulación, y sufre angustia por todos lados, porque está sin consuelo interior, y se le prohíbe buscar el exterior. El que vive sin disciplina está expuesto a una ruina penosa. El que busca una disciplina más fácil y ligera siempre estará en apuros, porque una cosa u otra le disgustará.

8. ¡Oh, si ningún otro deber recayera sobre nosotros más que alabar al Señor nuestro Dios con todo nuestro corazón y nuestra voz! ¡Oh, si nunca tuvieras necesidad de comer o beber, o dormir, sino que pudieras alabar siempre a Dios, y entregarte solo a los ejercicios espirituales; entonces serías mucho más feliz que ahora, cuando por tantas necesidades debes servir a la carne! ¡Oh, que no existieran estas necesidades, sino solo los refrigerios espirituales del alma, que, ay, gustamos demasiado raramente!

9. Cuando un hombre ha llegado a esto, a no buscar consuelo en ninguna cosa creada, entonces comienza a gozar perfectamente de Dios, entonces también estará bien contento con todo lo que le suceda. Entonces no se alegrará por mucho ni se entristecerá por poco, sino que se encomienda por completo y con plena confianza a Dios, que es todo en todo para él, para quien nada perece ni muere, sino que todas las cosas viven para Él y obedecen cada una de sus palabras sin demora.

10. Recuerda siempre tu fin, y cómo el tiempo perdido no vuelve. Sin cuidado y diligencia nunca obtendrás la virtud. Si empiezas a enfriarte, te empezará a ir mal, pero si te entregas al celo encontrarás mucha paz, y encontrarás tu trabajo más ligero por la gracia de Dios y el amor a la virtud. Un hombre celoso y diligente está preparado para todo. Es mayor trabajo resistir los pecados y las pasiones que afanarse en trabajos corporales. El que no evita las faltas pequeñas, cae poco a poco en las mayores. Al anochecer siempre te alegrarás si has pasado el día provechosamente. Vigílate a ti mismo, anímate, amonéstate, y sea como sea con los demás, no te descuides a ti mismo. Cuanta más violencia te hagas a ti mismo, más provecho sacarás. Amén.

(**1**) Salmo xxxvii. **3**.

LIBRO SEGUNDO

Admoniciones sobre la Vida Interior

CAPÍTULO I: De la vida interior

–El reino de Dios está dentro de vosotros(**1**) –dice el Señor. Vuélvete con todo tu corazón al Señor y abandona este mundo miserable, y hallarás descanso para tu alma. Aprende a despreciar las cosas exteriores y a entregarte a las interiores, y verás el reino de Dios venir dentro de ti. Porque el reino de Dios es paz y gozo en el Espíritu Santo, y no es dado a los impíos. Cristo vendrá a ti y te mostrará Su consuelo, si preparas una morada digna para Él dentro de ti. Toda Su gloria y belleza es interior, y allí le place habitar. A menudo visita al hombre interior y mantiene con él dulce conversación, dándole consolación reconfortante, mucha paz, amistad sumamente maravillosa.

2. Vamos, alma fiel, prepara tu corazón para este esposo, para que se digne venir a ti y habitar en ti, pues así dice: «Si alguno me ama, guardará mis palabras; y mi Padre le amará, y vendremos a él y haremos nuestra morada con él»(**2**). Da, por tanto, lugar a Cristo y niega la entrada a todos los demás. Cuando tienes a Cristo, eres rica y tienes lo suficiente. Él será tu proveedor y fiel vigilante en todas las cosas, de modo que no necesites confiar en los hombres, pues los hombres cambian pronto y pasan velozmente, pero Cristo permanece para siempre y está firmemente a nuestro lado hasta el final.

3. No hay gran confianza que poner en un hombre frágil y mortal, aunque nos sea útil y querido, ni debe surgir en nosotros mucha pena si a veces se opone y nos contradice. Los que hoy están de tu parte, mañana pueden estar en tu contra, y a menudo giran como el viento. Pon toda tu confianza en Dios y que Él sea tu temor y tu amor, Él mismo responderá por ti y hará por ti lo que es mejor. Aquí no tienes ciudad permanente(**3**), y dondequiera que estés, eres un extranjero y un peregrino, y nunca tendrás descanso a menos que estés estrechamente unido a Cristo dentro de ti.

4. ¿Por qué miras de un lado a otro, si este no es el lugar de tu descanso? En el cielo debería estar tu morada, y todas las cosas terrenales deberían ser miradas como de paso. Todas las cosas pasan y tú igualmente con ellas. Mira que no te apegues a ellas, no sea que seas atrapado con ellas y perezcas. Que tu contemplación esté en el Altísimo, y que tu súplica se dirija a Cristo sin cesar. Si no puedes contemplar las cosas altas y celestiales, descansa en la pasión de Cristo y habita de buen grado en Sus sagradas llagas. Porque si huyes devotamente a las llagas de Jesús, y a las preciosas marcas de los clavos y la lanza, encontrarás gran consuelo en la tribulación, ni te turbarán mucho los desprecios de los hombres, y soportarás fácilmente sus palabras crueles.

5. Cristo también, cuando estuvo en el mundo, fue despreciado y rechazado por los hombres, y en Su mayor necesidad fue abandonado por Sus conocidos y amigos para soportar estos oprobios. Cristo estuvo dispuesto a sufrir y ser despreciado, ¿y tú te atreves a quejarte de alguien? Cristo tuvo adversarios y contradictores, ¿y tú deseas tener a todos los hombres como amigos y benefactores? ¿De dónde obtendrá tu paciencia su corona si no te sobreviene ninguna adversidad? Si no estás dispuesto a sufrir ninguna adversidad, ¿cómo serás amigo de Cristo? Sostente con Cristo y por Cristo si quieres reinar con Cristo.

6. Si hubieras entrado una vez en la mente de Jesús, y hubieras probado, sí, siquiera un poco de su tierno amor, entonces no te importaría nada tu propia conveniencia o inconveniencia, sino que más bien te regocijarías por la tribulación que te sobreviniera, porque el amor de Jesús hace que un hombre se desprecie a sí mismo. El que ama a Jesús, y es interiormente verdadero y libre de afectos desordenados, es capaz de volverse prontamente a Dios, y de elevarse por encima de sí mismo en espíritu, y de gozar de una paz fructífera.

7. El quc conoce las cosas como son y no como se dicen o parecen ser, ese es verdaderamente sabio, y es enseñado más por Dios que por los hombres. El que sabe caminar desde adentro, y dar poco valor a las cosas exteriores, no requiere lugares ni espera estaciones para tener su trato con Dios. El hombre interior se recoge rápidamente, porque nunca se entrega por completo a las cosas exteriores. Ningún trabajo exterior ni ocupaciones necesarias se interponen en su camino, sino que, según suceden los acontecimientos, así se adapta a ellos. El que está rectamente dispuesto y ordenado por dentro no se preocupa por la extraña y perversa conducta de los hombres. Un hombre es estorbado y distraído en la medida en que es movido por las cosas exteriores.

8. Si todo estuviera bien contigo, y estuvieras purificado del mal, todas las cosas obrarían para tu bien y tu provecho. Por esta causa muchas cosas te desagradan y a menudo te turban, porque aún no estás perfectamente muerto a ti mismo ni separado de todas las cosas terrenales. Nada mancha y enreda tanto el corazón del hombre como el amor impuro hacia las cosas creadas. Si rechazas el consuelo exterior, podrás contemplar las cosas celestiales y frecuentemente regocijarte interiormente.

(**1**) Lucas xvii. **21**. (**2**) Juan xiv. **23**. (**3**) Hebreos xiii. **14**.

CAPÍTULO II: De la humilde sumisión

No des gran importancia a quién está a tu favor o en tu contra, sino ocúpate solo del deber presente y cuida de que Dios esté contigo en todo lo que hagas. Ten una buena conciencia y Dios te defenderá, pues a quien Dios quiere ayudar, la perversidad de ningún hombre podrá dañar. Si sabes callar y sufrir, sin duda verás la ayuda del Señor. Él conoce el tiempo y**3** el modo de liberarte, por tanto debes entregarte a Él. A Dios le pertenece ayudar y librar de toda confusión. A menudo es muy provechoso para mantenernos en mayor humildad, que otros conozcan y reprendan nuestras faltas.

2. Cuando un hombre se humilla por sus defectos,**4** entonces fácilmente apacigua a los demás y rápidamente satisface a los que están enojados contra él. Dios protege y libra al humilde, ama y consuela al humilde, al humilde se inclina, al humilde concede gran gracia, y cuando es abatido lo eleva a la gloria: al humilde revela Sus secretos, y dulcemente lo atrae y lo invita a Sí mismo. El hombre humilde, habiendo recibido oprobio, está sin embargo en suficiente paz, porque descansa en Dios y no en el mundo. No te consideres haber progresado de ninguna manera a menos que te sientas inferior a todos.

CAPÍTULO III: Del hombre bueno y pacífico

Primero mantente en paz a ti mismo, y entonces podrás ser un pacificador para con los demás. Un hombre pacífico hace más bien que uno muy instruido. Un hombre apasionado convierte incluso el bien en mal y cree fácilmente el mal; un hombre bueno y pacífico convierte todas las cosas en bien. El que habita en paz no sospecha de nadie, pero el que está descontento e inquieto es zarandeado por muchas sospechas, y ni está tranquilo él mismo ni deja que los demás lo estén. A menudo dice lo que no debería decir, y omite lo que sería más conveniente para él hacer. Considera a qué deberes están obligados los demás, y descuida aquellos a los que él mismo está obligado. Por tanto, sé celoso primero de ti mismo, y entonces podrás ser celoso con justicia de tu prójimo.

2. Sabes bien cómo excusar y colorear tus propias acciones, pero no aceptarás las excusas de los demás. Sería más justo acusarte a ti mismo y excusar a tu hermano. Si quieres que los demás te soporten, soporta tú a los demás. Mira cuán lejos estás todavía de la verdadera caridad y humildad que no sabe enojarse o indignarse contra nadie, salvo contra uno mismo. No es gran cosa mezclarse con los buenos y los mansos, pues esto es naturalmente agradable para todos, y cada uno de nosotros disfruta voluntariamente de la paz y le gustan más los que piensan como nosotros: pero ser capaz de vivir pacíficamente con los duros y perversos, o con los desordenados, o con los que se nos oponen, esto es una gran gracia y una cosa muy digna de alabanza y muy propia de un hombre.

3. Hay quienes se mantienen en paz a sí mismos y mantienen también la paz con los demás, y hay quienes ni tienen paz ni dejan que los demás la tengan; son molestos para los demás, pero siempre más molestos para sí mismos. Y hay quienes se mantienen en paz y se esfuerzan por llevar a los demás a la paz; sin embargo, toda nuestra paz en esta triste vida reside más en el sufrimiento humilde que en no sentir las adversidades. El que mejor sepa sufrir, poseerá la mayor paz; ese hombre es vencedor de sí mismo y señor del mundo, amigo de Cristo y heredero del cielo.

CAPÍTULO IV: De una mente pura y una intención sencilla

Por dos alas es el hombre elevado sobre las cosas terrenales: por la sencillez y la pureza. La sencillez debe estar en la intención, la pureza en el afecto. La sencillez se dirige a Dios, la pureza lo aprehende y lo gusta. Ninguna buena acción te resultará desagradable si por dentro estás libre de afecto desordenado. Si aspiras y buscas nada más que la voluntad de Dios y el beneficio de tu prójimo, disfrutarás enteramente de la libertad interior. Si tu corazón fuera recto, entonces toda criatura sería un espejo de vida y un libro de santa doctrina. No hay criatura tan pequeña y vil que no nos muestre la bondad de Dios.

2. Si fueras bueno y puro por dentro, entonces mirarías todas las cosas sin daño y las entenderías correctamente. Un corazón puro ve las profundidades mismas del cielo y del infierno. Tal como cada uno es interiormente, así juzga exteriormente. Si hay alguna alegría en el mundo, seguramente la posee el hombre de corazón puro, y si en algún lugar hay tribulación y angustia, la mala conciencia lo sabe mejor. Como el hierro arrojado al fuego pierde el óxido y se vuelve todo incandescente, así el hombre que se vuelve enteramente a Dios se libera de la pereza y se transforma en un hombre nuevo.

3. Cuando un hombre comienza a entibiarse, entonces teme un poco de trabajo y acepta voluntariamente el consuelo exterior; pero cuando comienza a vencerse perfectamente a sí mismo y a caminar virilmente por el camino de God, entonces considera como nada aquellas cosas que antes le parecían tan penosas.

CAPÍTULO V: De la estima de sí mismo

No podemos poner poca confianza en nosotros mismos, porque a menudo nos faltan la gracia y el entendimiento. Poca luz hay dentro de nosotros, y la que tenemos la perdemos rápidamente por negligencia. A menudo no percibimos cuán grande es nuestra ceguera interior. A menudo obramos mal y lo excusamos peor. A veces nos mueve la pasión y lo contamos como celo; culpamos las pequeñas faltas en los demás y pasamos por alto las grandes faltas en nosotros mismos. Con bastante rapidez sentimos y contamos lo que soportamos de los demás, pero no reflexionamos cuánto soportan los demás de nosotros. El que pesara bien y rectamente sus propias acciones no sería hombre de juzgar severamente a otro.

2. El hombre espiritual pone el cuidado de sí mismo antes que todos los cuidados; y el que se atiende diligentemente a sí mismo guarda fácilmente silencio sobre los demás. Nunca serás espiritual y piadoso a menos que calles sobre los asuntos de otros hombres y te cuides plenamente a ti mismo. Si piensas enteramente en ti mismo y en Dios, lo que veas fuera te moverá poco. ¿Dónde estás cuando no estás presente a ti mismo? y cuando has recorrido todas las cosas, ¿de qué te ha aprovechado, habiéndote descuidado a ti mismo? Si quieres tener paz y verdadera unidad, debes dejar de lado todas las demás cosas y mirarte solo a ti mismo.

3. Entonces harás un gran progreso si te mantienes libre de todo cuidado temporal. Caerás lamentablemente si das valor a cualquier cosa del mundo. Que nada sea grande, nada alto, nada agradable, nada aceptable para ti, salvo Dios mismo o las cosas de Dios. Considera como completamente vano cualquier consuelo que te venga de una criatura. El alma que ama a Dios no mira nada que esté por debajo de Dios. Solo Dios es eterno e incomprensible, llenando todas las cosas, el solaz del alma y la verdadera alegría del corazón.

CAPÍTULO VI: Del gozo de una buena conciencia

El testimonio de una buena conciencia es la gloria de un buen hombre. Ten una buena conciencia y siempre tendrás alegría. Una buena conciencia es capaz de soportar muchísimo, y es sumamente gozosa en medio de las adversidades; una mala conciencia siempre es temerosa e inquieta. Descansarás dulcemente si tu corazón no te condena. Nunca te regocijes a menos que hayas obrado bien. Los malvados nunca tienen verdadera alegría, ni sienten paz interior, porque «no hay paz», dice mi Dios, «para los impíos»(**1**). Y si dicen «estamos en paz, no nos sucederá ningún mal, ¿y quién se atreverá a hacernos daño?», no les creas, porque de repente se levantará contra ellos la ira de Dios, y sus obras serán reducidas a la nada, y sus pensamientos perecerán.

2. Gloriarse en la tribulación no es penoso para el que ama; porque tal gloria es gloriarse en la Cruz de Cristo. Breve es la gloria que es dada y recibida de los hombres. La tristeza siempre va de la mano con la gloria del mundo. La gloria de los buenos está en su conciencia, y no en la fama entre los hombres. La alegría de los justos es de Dios y en Dios, y su alegría está en la verdad. El que desea la gloria verdadera y eterna no se preocupa por la que es temporal; y el que busca la gloria temporal, o la desprecia de corazón, demuestra tener poco amor por la celestial. El que no se preocupa ni por las alabanzas ni por los reproches tiene una gran tranquilidad de corazón.

3. Fácilmente estará contento y lleno de paz, aquel cuya conciencia es pura. No eres más santo si te alaban, ni más vil si te reprenden. Eres lo que eres; y no puedes ser mejor de lo que Dios pronuncia que eres. Si consideras bien lo que eres interiormente, no te importará lo que los hombres te digan. El hombre mira la apariencia exterior, pero el Señor mira el corazón(**2**): el hombre mira la obra, pero Dios considera la intención. Es señal de un espíritu humilde hacer siempre el bien y tenerse en poco a sí mismo. No buscar consuelo en ninguna cosa creada es señal de gran pureza y fidelidad interior.

4. El que no busca ningún testimonio externo en su favor, demuestra claramente que se ha encomendado por completo a Dios. Porque «no es aprobado el que se alaba a sí mismo», como dice San Pablo, «sino aquel a quien el Señor alaba»(**3**). Caminar interiormente con Dios, y no estar atado por ningún afecto exterior, es el estado de un hombre espiritual.

(**1**) Isaías lvii. **21**. (**2**) **1** Samuel xvi. **7**. (**3**) **2** Corintios x. **18**.

CAPÍTULO VII: De amar a Jesús sobre todas las cosas

Bienaventurado el que entiende lo que es amar a Jesús y despreciarse a sí mismo por amor a Jesús. Debe renunciar a todo lo que ama por su Amado, porque Jesús quiere ser amado solo por encima de todas las cosas. El amor de las cosas creadas es engañoso e inestable, pero el amor de Jesús es fiel y duradero. El que se aferra a las cosas creadas caerá con su fragilidad; pero el que abraza a Jesús permanecerá firme para siempre. Ámalo y tenlo por amigo, porque Él no te abandonará cuando todos se alejen de ti, ni permitirá que perezcas al final. Un día deberás ser separado de todo, quieras o no.

2. Aférrate a Jesús en la vida y en la muerte, y encomiéndate a Su fidelidad, quien, cuando todos los hombres te fallen, es el único que puede ayudarte. Tu Amado es de tal naturaleza que no admitirá rival, sino que poseerá solo tu corazón, y como un rey se sentará en Su propio trono. Si aprendieras a apartar de ti toda cosa creada, Jesús tomaría libremente Su morada contigo. Encontrarás casi perdida toda confianza que hayas puesto en los hombres, y no en Jesús. No confíes ni te apoyes en una caña sacudida por el viento, porque «toda carne es hierba, y toda su gloria cae como la flor del campo»(**1**).

3. Serás rápidamente engañado si solo miras la apariencia exterior de los hombres, pues si buscas tu consuelo y provecho en otros, experimentarás con demasiada frecuencia la pérdida. Si buscas a Jesús en todas las cosas, verdaderamente encontrarás a Jesús, pero si te buscas a ti mismo, también te encontrarás a ti mismo, pero para tu propio perjuicio. Porque si un hombre no busca a Jesús, es más perjudicial para sí mismo que todo el mundo y todos sus adversarios.

(**1**) Isaías xl. **6**.

CAPÍTULO VIII: Del amor íntimo de Jesús

Cuando Jesús está presente, todo está bien y nada parece difícil, pero cuando Jesús no está presente, todo es difícil. Cuando Jesús no habla por dentro, nuestro consuelo no vale nada, pero si Jesús habla una sola palabra, grande es el consuelo que experimentamos. ¿No se levantó María Magdalena rápidamente del lugar donde lloraba cuando Marta le dijo: «El Maestro ha venido y te llama»?(**1**) ¡Feliz hora cuando Jesús te llama de las lágrimas al gozo del espíritu! ¡Cuán seco y duro eres sin Jesús! ¡Cuán insensato y vano si deseas algo más allá de Jesús! ¿No es esta una pérdida mayor que si perdieras el mundo entero?

2. ¿Qué puede aprovecharte el mundo sin Jesús? Estar sin Jesús es el infierno más profundo, y estar con Jesús es un dulce paraíso. Si Jesús estuviera contigo, ningún enemigo podría hacerte daño. El que encuentra a Jesús, encuentra un buen tesoro, sí, un bien por encima de todo bien; y el que pierde a Jesús, pierde muchísimo, sí, más que el mundo entero. Pobrísimo es el que vive sin Jesús, y riquísimo el que está mucho con Jesús.

3. Es una gran habilidad saber vivir con Jesús, y saber retener a Jesús es una gran sabiduría. Sé humilde y pacífico y Jesús estará contigo. Sé piadoso y tranquilo, y Jesús permanecerá contigo. Puedes ahuyentar rápidamente a Jesús y perder Su favor si te vuelves hacia las cosas exteriores. Y si lo has ahuyentado y perdido, ¿a quién huirás y a quién buscarás entonces como amigo? Sin un amigo no puedes vivir mucho tiempo, y si Jesús no es tu amigo por encima de todos, estarás muy triste y desolado. Haces locamente, por tanto, si confías o encuentras alegría en cualquier otro. Es preferible tener a todo el mundo en tu contra, que a Jesús ofendido contigo. Por tanto, de todos los que te son queridos, que Jesús sea especialmente amado.

4. Que todos sean amados por amor a Jesús, pero Jesús por Sí mismo. Solo Jesucristo debe ser especialmente amado, pues solo Él es hallado bueno y fiel por encima de todos los amigos. Por Su causa y en Él, que tanto enemigos como amigos te sean queridos, y reza por todos ellos para que todos lo conozcan y lo amen. Nunca desees ser especialmente alabado o amado, porque esto pertenece solo a Dios, que no tiene a nadie como Él. Ni desees que nadie ponga su corazón en ti, ni te entregues al amor de nadie, sino que Jesús esté en ti y en todo hombre bueno.

5. Sé puro y libre dentro de ti mismo, y no te enredes con ninguna cosa creada. Debes llevar un corazón desnudo y limpio a Dios, si deseas estar dispuesto a ver cuán bondadoso es el Señor. Y en verdad, a menos que seas prevenido y atraído por Su gracia, no alcanzarás esto, que habiendo desechado y despedido todo lo demás, solo tú estés unido a Dios. Porque cuando la gracia de Dios llega a un hombre, entonces se vuelve capaz de hacer todas las cosas, y cuando se va, entonces será pobre y débil y entregado a las tribulaciones. En estas no debes abatirte ni desesperar, sino descansar con mente serena en la voluntad de Dios, y soportar todas las cosas que te sobrevengan para alabanza de Jesucristo; porque después del invierno viene el verano, después de la noche vuelve el día, después de la tempestad una gran calma.

(**1**) Juan xi. **28**.

CAPÍTULO IX: De la falta de todo consuelo

No es cosa difícil despreciar el consuelo humano cuando el divino está presente. Es una gran cosa, sí, muy grande, poder soportar la pérdida tanto del consuelo humano como del divino; y por amor a Dios soportar voluntariamente el exilio del corazón, y en nada buscarse a sí mismo, ni mirar el propio mérito. ¿Qué gran cosa es, si estás alegre de corazón y devoto cuando el favor te llega? Esa es una hora en la que todos se regocijan. Bastante agradablemente cabalga aquel a quien la gracia de Dios lleva. ¿Y qué maravilla, si no siente carga el que es llevado por el Todopoderoso, y es guiado por el Guía de lo alto?

2. Estamos dispuestos a aceptar cualquier cosa como consuelo, y es difícil para un hombre liberarse de sí mismo. El santo mártir Lorenzo venció el amor al mundo e incluso a su maestro sacerdote, porque despreció todo en el mundo que parecía agradable; y por amor a Cristo sufrió con calma que le quitaran incluso al sumo sacerdote de Dios, Sixto, a quien amaba entrañablemente. Así, por el amor del Creador venció el amor del hombre, y en lugar del consuelo humano eligió más bien el beneplácito de Dios. Así también aprende tú a renunciar a cualquier amigo cercano y amado por amor a Dios. Y no lo tomes a mal cuando hayas sido abandonado por un amigo, sabiendo que todos debemos separarnos unos de otros al final.

3. Poderosa y largamente debe un hombre luchar dentro de sí mismo antes de aprender a vencerse por completo y a dirigir todo su afecto hacia Dios. Cuando un hombre descansa en sí mismo, fácilmente se desliza hacia los consuelos humanos. Pero un verdadero amante de Cristo, y un diligente buscador de la virtud, no recurre a esos consuelos, ni busca dulzuras que puedan ser gustadas y palpadas, sino que desea más bien ejercicios duros y emprender trabajos severos por Cristo.

4. Cuando, por tanto, Dios da consuelo espiritual, recíbelo con acción de gracias, y sabe que es don de Dios, no mérito tuyo. No te enorgullezcas, no te regocijes en exceso ni presumas neciamente, sino sé más humilde por el don, más cauto y más cuidadoso en todas tus acciones; porque esa hora pasará, y seguirá la tentación. Cuando el consuelo te sea quitado, no desesperes en seguida, sino espera la visitación celestial con humildad y paciencia, porque Dios es capaz de devolverte un favor y un consuelo mayores. Esto no es nuevo ni extraño para quienes han probado el camino de Dios, pues con los grandes santos y los antiguos profetas a menudo hubo este tipo de cambio.

5. Por lo cual uno dijo cuando el favor de Dios estaba con él: «Dije en mi prosperidad: Jamás seré conmovido»(**1**), pero continúa diciendo lo que sintió dentro de sí cuando el favor se apartó: «Apartaste Tu rostro de mí, y fui turbado». A pesar de lo cual, de ninguna manera desespera, sino que suplica a Dios más insistentemente, y dice: «A

Ti, oh Señor, clamaré, y a mi Dios rogaré»; y entonces recibe el fruto de su oración, y testifica cómo ha sido escuchado, diciendo: «El Señor me oyó y tuvo misericordia de mí, el Señor fue mi ayudador». Pero, ¿en qué? «Has cambiado mi lamento en danza, me has quitado el cilicio y me has ceñido de alegría». Si así fue con los grandes santos, nosotros, que somos pobres y necesitados, no debemos desesperar si a veces estamos en el calor y a veces en el frío, porque el Espíritu viene y va según el beneplácito de Su voluntad. Por lo cual el santo Job dice: «Lo visitas por la mañana, y de repente lo pruebas»(**2**).

6. ¿En qué puedo entonces esperar, o en qué puedo confiar, salvo solo en la gran misericordia de Dios y la esperanza de la gracia celestial? Porque ya sea que estén conmigo hombres buenos, hermanos piadosos o amigos fieles, ya sean libros sagrados o hermosos discursos, ya sean dulces himnos y canciones, todo esto ayuda poco y tiene poco sabor cuando estoy abandonado por el favor de Dios y dejado a mi propia pobreza. No hay mejor remedio, entonces, que la paciencia y la negación de sí mismo, y la permanencia en la voluntad de Dios.

7. Nunca he encontrado a ningún hombre tan religioso y piadoso que no sintiera a veces una retirada del favor divino y una falta de fervor. Ningún santo estuvo jamás tan lleno de arrebato, tan iluminado, que tarde o temprano no fuera tentado. Porque no es digno de la gran visión de Dios quien, por amor a Dios, no ha sido ejercitado por alguna tentación. Porque la tentación suele preceder como señal del consuelo que seguirá, y el consuelo celestial se promete a los que son probados por la tentación. Como está escrito: «Al que venciere, le daré a comer del árbol de la vida»(**3**).

8. El consuelo divino se da para que un hombre sea más fuerte para soportar las adversidades. Y sigue la tentación, para que no se enorgullezca a causa del beneficio. El diablo no duerme; tu carne aún no está muerta; por tanto, no ceses de prepararte para la batalla, porque los enemigos están a tu derecha y a tu izquierda, y nunca descansan.

(**1**) Salmo xxx. **6**. (**2**) Job vii. **18**. (**3**) Apocalipsis ii. **7**.

CAPÍTULO X: De la gratitud por la Gracia de Dios

¿Por qué buscas descanso si has nacido para el trabajo? Prepárate más para la paciencia que para los consuelos, y para llevar la cruz más que para la alegría. Pues, ¿quién entre los hombres de este mundo no recibiría con gusto la consolación y la alegría espiritual si pudiera tenerla siempre? Porque los consuelos espirituales exceden todas las delicias del mundo y todos los placeres de la carne. Pues todas las delicias mundanas son o vacías o impuras, mientras que solo las delicias espirituales son placenteras y honorables, fruto de la virtud, y derramadas por Dios en las mentes puras. Pero ningún hombre puede disfrutar siempre de estos consuelos divinos a su voluntad, porque el tiempo de la tentación no cesa por mucho tiempo.

2. Grande es la diferencia entre una visitación de lo alto y una falsa libertad de espíritu y una gran confianza en sí mismo. Dios hace bien en darnos la gracia del consuelo, pero el hombre hace mal en no dar gracias a Dios inmediatamente por ello. Y así los dones de la gracia no pueden fluir hacia nosotros, porque somos ingratos con su Autor, y no los devolvemos enteramente a la Fuente de donde fluyen. Porque la gracia siempre se convierte en la porción del que es agradecido, y al soberbio se le quita lo que se suele dar al humilde.

3. No deseo consolación que me quite la compunción, no amo contemplación que me lleve al orgullo. Porque no todo lo que es alto es santo, ni todo lo que es dulce es bueno; todo deseo no es puro; ni todo lo que nos es querido es agradable a Dios. Acepto gustosamente la gracia por la cual me hago más humilde y más cauto y más dispuesto a renunciar a mí mismo. El que es hecho docto por el don de la gracia y enseñado en la sabiduría por el golpe de su retirada, no se atreverá a reclamar para sí ninguna cosa buena, sino que más bien confesará que es pobre y necesitado. Dad a Dios lo que es de Dios(**1**), y atribúyete a ti mismo lo que es tuyo; es decir, da gracias a Dios por Su gracia, pero por ti solo confiesa tu falta, y que tu castigo es merecido por tu falta.

4. Siéntate siempre en el lugar más bajo y se te dará el más alto(**2**). Porque lo más alto no puede existir sin lo más bajo. Pues los más grandes santos de Dios son los más pequeños a sus propios ojos, y cuanto más gloriosos son, tanto más humildes son en sí mismos; llenos de gracia y gloria celestial, no son deseosos de vanagloria; apoyados en Dios y fuertes en Su poder, no pueden enaltecerse de ninguna manera. Y los que atribuyen a Dios todo el bien que han recibido, «no buscan la gloria los unos de los otros, sino la gloria que viene solo de Dios», y desean que Dios sea alabado en Sí mismo y en todos Sus Santos por encima de todas las cosas, y siempre se esfuerzan por esto mismo.

5. Sé agradecido, por tanto, por el más mínimo beneficio y serás digno de recibir mayores. Sea para ti lo más pequeño como lo más grande, y lo que es de poca cuenta sea para ti como un don especial. Si se considera la majestad del Dador, nada de lo que se da parecerá pequeño y sin valor, porque no es cosa pequeña lo que es dado por el Dios Altísimo. Sí, aunque diera castigo y azotes, deberíamos estar agradecidos, porque Él siempre hace para nuestro provecho todo lo que permite que nos suceda. El que busca retener el favor de Dios, que sea agradecido por el favor que se le da, y paciente respecto al que se le quita. Que rece para que vuelva; que sea cauto y humilde para no perderlo.

(**1**) Mateo xxii. **21**. (**2**) Lucas xiv. **10**.

CAPÍTULO XI: De la escasez de los que aman la Cruz de Jesús

Jesús tiene muchos amantes de Su reino celestial, pero pocos portadores de Su Cruz. Tiene muchos buscadores de consuelo, pero pocos de tribulación. Encuentra muchos compañeros de Su mesa, pero pocos de Su ayuno. Todos desean regocijarse con Él, pocos están dispuestos a sufrir algo por Su causa. Muchos siguen a Jesús para comer de Sus panes, pero pocos para beber de la copa de Su pasión. Muchos se asombran de Sus Milagros, pocos siguen la vergüenza de Su Cruz. Muchos aman a Jesús mientras no les suceden adversidades. Muchos lo alaban y bendicen, mientras reciben algún consuelo de Él. Pero si Jesús se esconde y se retira de ellos un poco, caen o en la queja o en un abatimiento demasiado grande.

2. Pero los que aman a Jesús por Jesús mismo, y no por alguna consolación propia, lo bendicen en toda tribulación y angustia de corazón como en la más alta consolación. Y si Él nunca les diera consolación, sin embargo, siempre lo alabarían y siempre le darían gracias.

3. ¡Oh, qué poder tiene el amor puro de Jesús, sin mezcla de ganancia o amor propio! ¿No deberían llamarse mercenarios todos los que siempre buscan consolaciones? ¿No demuestran ser más amantes de sí mismos que de Cristo los que siempre buscan su propia ganancia y ventaja? ¿Dónde se encontrará a alguien que esté dispuesto a servir a Dios enteramente por nada?

4. Rara vez se encuentra a alguien tan espiritual como para estar despojado de todo pensamiento egoísta, pues ¿quién encontrará a un hombre verdaderamente pobre de espíritu y libre de todas las cosas creadas? «Su valor viene de lejos, sí, de los confines de la tierra». Un hombre puede dar todos sus bienes, pero eso no es nada; y si hace muchas obras de penitencia, eso es poca cosa; y aunque entienda toda la ciencia, eso está lejos; y si tiene gran virtud y devoción celosa, todavía le falta mucho, sí, una cosa que es la más necesaria para él de todas. ¿Qué es entonces? Que habiendo renunciado a todas las demás cosas, renuncie a sí mismo y salga de sí mismo por completo, y no retenga nada de amor propio; y habiendo hecho todo lo que sabe que es su deber hacer, que sienta que no ha hecho nada. Que no considere mucho lo que podría ser muy estimado, sino que se declare a sí mismo, en verdad, un siervo inútil, como dice la Verdad misma: «Cuando hayáis hecho todo lo que se os ha mandado, decid: somos siervos inútiles»(**1**). Entonces podrá ser verdaderamente pobre y desnudo de espíritu, y podrá decir con el Profeta: «Mas yo estoy pobre y necesitado»(**2**). Sin embargo, ningún hombre es más rico que él, ningún hombre más fuerte, ningún hombre más libre. Porque sabe tanto renunciar a sí mismo y a todas las cosas, como ser humilde a sus propios ojos.

(**1**) Lucas xvii. **10**. (**2**) Salmo xxv. **16**.

CAPÍTULO XII: Del camino real de la Santa Cruz

A muchos les parece dura esta palabra: «Si alguno quiere venir en pos de Mí, niéguese a sí mismo, tome su Cruz y sígame»(**1**). Pero mucho más duro será oír aquella última sentencia: «Apartaos de Mí, malditos, al fuego eterno»(**2**). Porque los que ahora oyen con gusto la palabra de la Cruz y la siguen, no temerán entonces oír la condenación eterna. Este signo de la Cruz estará en el cielo cuando el Señor venga a Juzgar. Entonces todos los siervos de la Cruz, que en vida se han conformado al Crucificado, se acercarán a Cristo Juez con gran audacia.

2. ¿Por qué temes, pues, tomar la cruz que conduce a un reino? En la Cruz está la salud, en la Cruz está la vida, en la Cruz está la protección contra los enemigos, en la Cruz está la dulzura celestial, en la Cruz la fortaleza**1** de la mente, en la Cruz la alegría del espíritu, en la Cruz la cumbre de la virtud, en la Cruz la perfección de la santidad. No hay salud del alma, ni esperanza de vida eterna, sino en la Cruz. Toma, pues, tu cruz y sigue a Jesús y entrarás en la vida eterna. Él fue delante de ti llevando Su Cruz y murió por ti en la Cruz, para que tú también puedas llevar tu cruz y ames ser crucificado en ella. Porque si estás muerto con Él, también vivirás con Él, y si eres partícipe de Sus sufrimientos, también lo serás de Su gloria.

3. He aquí que todo depende de la Cruz, y todo reside en el morir; y no hay otro camino a la vida y a la verdadera paz interior, excepto el camino de la Santa Cruz y de la mortificación diaria. Ve a donde quieras, busca lo que quieras, y no hallarás camino más alto por encima ni más seguro por debajo, que el camino de la Santa Cruz. Dispón y ordena todas las cosas según tu propia voluntad y juicio, y siempre encontrarás algo que sufrir, ya sea voluntaria o involuntariamente, y así siempre encontrarás tu cruz. Porque o sentirás dolor en el cuerpo, o tribulación de espíritu en tu alma.

4. A veces serás abandonado por Dios, a veces serás probado por tu prójimo, y lo que es más, a menudo serás una carga para ti mismo. Y aun así no puedes ser librado ni aliviado por ningún remedio o consolación, sino que debes soportar mientras Dios quiera. Porque Dios quiere que aprendas a sufrir la tribulación sin consolación, y a someterte plenamente a ella, y que por la tribulación te hagas más humilde. Nadie comprende tan bien la Pasión de Cristo en su corazón como el que ha tenido algo de un sufrimiento semejante. La Cruz, por tanto, está siempre lista, y en todas partes te espera. No puedes huir de ella adondequiera que te apresures, porque adondequiera que llegues, te llevas a ti mismo contigo, y siempre te encontrarás a ti mismo. Vuélvete hacia arriba, vuélvete hacia abajo, vuélvete hacia afuera, vuélvete hacia adentro, y en todo ello encontrarás la Cruz; y es necesario que en todas partes poseas la paciencia si quieres tener paz interior y ganar la corona eterna.

5. Si llevas la Cruz voluntariamente, ella te llevará a ti, y te conducirá al fin que buscas, incluso donde estará el fin del sufrimiento; aunque no será aquí. Si la llevas de mala gana, te creas una carga y aumentas grandemente tu peso, y sin embargo debes llevarla. Si desechas una cruz, sin duda encontrarás otra y quizás una más pesada.

6. ¿Crees escapar de lo que ningún mortal ha podido evitar? ¿Cuál de los santos en el mundo ha estado sin la cruz y la tribulación? Pues ni siquiera Jesucristo nuestro Señor estuvo una hora sin la angustia de Su Pasión, mientras vivió. «Era menester», dijo, «que Cristo padeciera y resucitara de entre los muertos, y así entrara en su gloria»(**3**). ¿Y cómo buscas tú otro camino que este camino real, que es el camino de la Santa Cruz?

7. Toda la vida de Cristo fue una cruz y un martirio, ¿y buscas tú para ti descanso y alegría? Te equivocas, te equivocas, si buscas algo que no sea sufrir tribulaciones, porque toda esta vida mortal está llena de miserias, y rodeada de cruces. Y cuanto más alto ha avanzado un hombre en el espíritu, más pesadas cruces encontrará a menudo, porque el dolor de su destierro aumenta con la fuerza de su amor.

8. Pero, sin embargo, el hombre que está así afligido de tantas maneras, no está sin el refrigerio de la consolación, porque siente crecer en él fruto abundante al llevar su cruz. Pues mientras se somete voluntariamente a ella, toda carga de tribulación se convierte en una seguridad de consuelo divino, y cuanto más se desgasta la carne por la aflicción, tanto más se fortalece poderosamente el espíritu por la gracia interior. Y a menudo es tan grandemente consolado por el deseo de tribulación y adversidad, por amor a la conformidad con la Cruz de Cristo, que no querría estar sin dolor y tribulación; porque cree que será tanto más aceptable a Dios, cuantas más y más pesadas cargas pueda soportar por Su causa. Esta no es la virtud del hombre, sino la gracia de Cristo que tiene tal poder y energía en la carne débil, que lo que naturalmente odia y de lo que huye, a esto lo atrae y lo ama por el fervor del espíritu.

9. No está en la naturaleza del hombre llevar la cruz, amar la cruz, someter el cuerpo y ponerlo en servidumbre, huir de los honores, soportar mansamente los reproches, despreciarse a sí mismo y desear ser despreciado, soportar todas las adversidades y pérdidas, y no desear ninguna prosperidad en este mundo. Si te miras a ti mismo, por ti mismo no podrás hacer nada de esto; pero si confías en el Señor, la fortaleza te será dada desde el cielo, y el mundo y la carne serán sometidos a tu mandato. Sí, ni siquiera temerás a tu adversario el diablo, si estás armado con la fe y sellado con la Cruz de Cristo.

10. Disponte, por tanto, como un buen y fiel siervo de Cristo, a llevar virilmente la Cruz de tu Señor, que por amor fue crucificado por ti. Prepárate para soportar muchas adversidades y múltiples problemas en esta vida miserable; porque así será contigo dondequiera que estés, y así, en verdad, lo encontrarás, dondequiera que te escondas. Así debe ser; y no hay medio de escapar de la tribulación y el dolor, excepto soportarlos pacientemente. Bebe amorosamente la copa de tu Señor si deseas ser Su amigo y tener tu suerte con Él. Deja las consolaciones a Dios, que Él haga con ellas lo que mejor le parezca. Pero tú, disponte a soportar las tribulaciones, y considérarlas las mejores consolaciones; porque «los sufrimientos del tiempo presente no son dignos de ser comparados con la gloria que ha de revelarse en nosotros»(**4**), ni lo serían aunque tuvieras que soportarlos todos.

11. Cuando hayas llegado a esto, que la tribulación te sea dulce y agradable por amor a Cristo, entonces considera que todo está bien contigo, porque has encontrado el paraíso en la tierra. Mientras te sea duro sufrir y desees escapar, no estará bien contigo, y las tribulaciones te seguirán por todas partes.

12. Si te dispones a lo que debes, es decir, a sufrir y a morir, pronto te irá mejor, y encontrarás la paz. Aunque fueras arrebatado con Pablo hasta el tercer cielo(**5**), no por eso estás seguro de no sufrir el mal. «Yo le mostraré», dice Jesús, «cuánto debe padecer por mi nombre»(**6**). Te queda, por tanto, sufrir, si quieres amar a Jesús y servirle continuamente.

13. ¡Oh, si fueras digno de sufrir algo por el nombre de Jesús, qué gran gloria te esperaría, qué regocijo entre todos los santos de Dios, qué claro ejemplo también para tu prójimo! Porque todos los hombres alaban la paciencia, aunque pocos estén dispuestos a practicarla. Ciertamente deberías sufrir un poco por Cristo, cuando muchos sufren cosas más pesadas por el mundo.

14. Sabe con certeza que debes llevar la vida de un moribundo. Y cuanto más muere un hombre a sí mismo, más comienza a vivir para Dios. Nadie es apto para la comprensión de las cosas celestiales, a menos que se haya sometido a soportar adversidades por Cristo. Nada más aceptable a Dios, nada más saludable para ti en este mundo, que sufrir voluntariamente por Cristo. Y si fuera tu elección, deberías desear más bien sufrir adversidades por Cristo, que ser refrescado con múltiples consolaciones, porque serías más semejante a Cristo y más conformado a todos los santos. Porque nuestra dignidad y crecimiento en la gracia no radican en muchos deleites y consolaciones, sino más bien en soportar muchos problemas y adversidades.

15. Si en verdad hubiera habido algo mejor y más provechoso para la salud de los hombres que sufrir, Cristo seguramente lo habría mostrado con palabras y ejemplos. Porque tanto a los discípulos que lo siguieron, como a todos los que desean seguirlo, los exhorta claramente a llevar su cruz, y dice: «Si alguno quiere venir en pos de Mí, niéguese a sí mismo, tome su cruz y sígame»(**7**). Así que ahora que hemos leído y estudiado a fondo todas las cosas, oigamos la conclusión de todo el asunto: «Es necesario que a través de muchas tribulaciones entremos en el reino de Dios»(**8**).

(**1**) Mateo xvi. **24**. (**2**) Mateo xxv. **41**. (**3**) Lucas xxiv. **46**. (**4**) Romanos viii. **18**. (5) 2 Corintios xii. **2**. (**6**) Hechos ix. **16**. (**7**) Lucas ix. **23**. (**8**) Hechos xiv. **22**.

LIBRO TERCERO

De la Consolación Interior

CAPÍTULO I: De la voz interior de Cristo al alma fiel

–Escucharé lo que el Señor Dios dirá dentro de mí(**1**).

Bienaventurada el alma que oye al Señor hablar dentro de ella, y recibe de Su boca la palabra de consolación. Bienaventurados los oídos que reciben los ecos del suave susurro de Dios, y no se desvían a los susurros de este mundo. Bienaventurados en verdad los oídos que no escuchan la voz que resuena afuera, sino la que enseña la verdad interiormente. Bienaventurados los ojos que están cerrados a las cosas de afuera, pero fijos en las de adentro. Bienaventurados los que escudriñan las cosas interiores y se esfuerzan por prepararse más y más con ejercicios diarios para recibir los misterios celestiales. Bienaventurados los que anhelan tener tiempo libre para Dios, y se liberan de todo impedimento del mundo. Piensa en estas cosas, oh alma mía, y cierra las puertas de tus deseos carnales, para que puedas oír lo que el Señor Dios dirá dentro de ti.

2. Esto dice tu Amado:

–Yo soy tu salvación, soy tu paz y tu vida. Consérvate para Mí, y encontrarás la paz. Aparta de ti todas las cosas transitorias, busca las que son eternas. Porque, ¿qué son todas las cosas temporales sino engaños, y de qué te ayudarán todas las cosas creadas si eres abandonado por el Creador? Por tanto, aparta todo lo demás, y entrégate al Creador, para serle agradable y fiel, a fin de que puedas alcanzar la verdadera bienaventuranza.

(**1**) Salmo lxxxv. **8**.

CAPÍTULO II: Lo que la verdad dice interiormente sin ruido de palabras

–Habla, Señor, que tu siervo escucha(**1**). Soy Tu siervo; dame entendimiento para que conozca Tus testimonios. Inclina mi corazón a las palabras de Tu boca(**2**). Que tu palabra se destile como el rocío.

Los hijos de Israel dijeron en la antigüedad a Moisés: «Habla tú con nosotros, y oiremos; pero que no hable el Señor con nosotros, no sea que muramos»(**3**). No así, oh Señor, no así oro yo, sino más bien con Samuel el profeta, te suplico humilde y ardientemente: «Habla, Señor, que Tu siervo escucha». Que no me hable Moisés, ni ningún profeta, sino habla Tú, oh Señor, que inspiraste e iluminaste a todos los profetas; porque solo Tú sin ellos puedes llenarme perfectamente de conocimiento, mientras que ellos sin Ti no aprovecharán nada.

2. Ellos pueden, en efecto, pronunciar palabras, pero no dan el espíritu. Hablan con suma belleza, pero cuando Tú callas no encienden el corazón. Nos dan las escrituras, pero Tú das a conocer su sentido. Nos traen misterios, pero Tú revelas las cosas que están significadas. Pronuncian mandamientos, pero Tú ayudas a cumplirlos. Muestran el camino, pero Tú das fuerza para el viaje. Actúan solo exteriormente, pero Tú instruyes e iluminas el corazón. Ellos riegan, pero Tú das el crecimiento. Claman con palabras, pero Tú das entendimiento al que oye.

3. Por tanto, que no me hable Moisés, sino Tú, oh Señor mi Dios, Verdad Eterna; no sea que yo muera y no dé fruto, siendo amonestado exteriormente, pero no encendido por dentro; no sea que la palabra oída pero no seguida, conocida pero no amada, creída pero no obedecida, se levante contra mí en el juicio. Habla, Señor, que Tu siervo escucha; Tú tienes palabras de vida eterna(**4**). Háblame para algún consuelo de mi alma, para la enmienda de toda mi vida, y para la alabanza y gloria y honor eterno de Tu Nombre.

(**1**) **1** Samuel iii. **9**. (**2**) Salmo cxix. **125**. (**3**) Éxodo xx. **19**. (**4**) Juan vi. **68**.

CAPÍTULO III: Cómo todas las palabras de Dios han de ser oídas con humildad, y cómo muchos no las consideran

–Hijo Mío, oye Mis palabras, porque Mis palabras son dulcísimas, superando todo el conocimiento de los filósofos y sabios de este mundo. Mis palabras son espíritu y son vida(**1**), y no han de ser pesadas por el entendimiento del hombre. No han de ser sacadas para vana aprobación, sino oídas en silencio, y recibidas con toda humildad y con profundo amor.

2. Y yo dije: «Bienaventurado el hombre a quien Tú enseñas, oh Señor, y le instruyes en Tu ley, para que le des descanso en el tiempo de la adversidad(**2**), y para que no esté desolado en la tierra».

3. –Yo –dice el Señor–, enseñé a los profetas desde el principio, y hasta ahora no ceso de hablar a todos; pero muchos son sordos y endurecidos a Mi voz; muchos aman escuchar al mundo más que a Dios, siguen los deseos de la carne más fácilmente que el beneplácito de Dios. El mundo promete cosas temporales y pequeñas, y es servido con gran avidez. Yo prometo cosas grandes y eternas, y los corazones de los mortales tardan en moverse. ¿Quién me sirve y obedece en todas las cosas, con tanto cuidado como sirve al mundo y a sus gobernantes?

«Avergüénzate, oh Sidón», dice el mar(**3**);

Y si buscas razón, escúchame.

Por una pequeña recompensa los hombres hacen un largo viaje; por la vida eterna muchos apenas levantarán un pie del suelo una vez. Se busca una recompensa mezquina; por una sola moneda a veces hay vergonzosas contiendas; por una cosa vana y por una promesa trivial, los hombres no rehúyen el trabajo de día y de noche.

4. –¡Pero, oh vergüenza! Por un bien inmutable, por una recompensa inestimable, por el más alto honor y por una gloria que no se desvanece, les resulta tedioso trabajar siquiera un poco. Avergüénzate, pues, siervo perezoso y descontento, porque ellos se muestran más prestos para la perdición que tú para la vida. Se regocijan más de corazón en la vanidad que tú en la verdad. A veces, en verdad, se ven defraudados en su esperanza, pero mi promesa no falla a nadie, ni despide vacío al que confía en Mí. Lo que he prometido, lo daré; lo que he dicho, lo cumpliré; si tan solo un hombre permanece fiel en Mi amor hasta el fin. Por tanto, soy el galardonador de todos los buenos, y un firme aprobador de todos los que son piadosos.

5. –Escribe Mis palabras en tu corazón y considéralas diligentemente, porque te serán muy necesarias en tiempo de tentación. Lo que no entiendes cuando lees, lo sabrás en el tiempo de tu visitación. Acostumbro a visitar a Mis elegidos de dos maneras, por la tentación y por el consuelo, y les enseño dos lecciones cada día, una reprendiendo sus faltas, la otra exhortándolos a crecer en la gracia. El que tiene Mis palabras y las rechaza, tiene quien lo juzgará en el último día.

ORACIÓN POR EL ESPÍRITU DE DEVOCIÓN

6. Oh Señor mi Dios, Tú eres todo mi bien, ¿y quién soy yo para atreverme a hablarte? Soy el más pobre de Tus siervos, un gusano abyecto, mucho más pobre y despreciable de lo que sé o me atrevo a decir. Sin embargo, recuerda, oh Señor, que no soy nada, no tengo nada y no puedo hacer nada. Solo Tú eres bueno, justo y santo; Tú puedes hacer todas las cosas, estás sobre todas las cosas, llenas todas las cosas, dejando vacío solo al pecador. Acuérdate de Tus tiernas misericordias, y llena mi corazón de Tu gracia, Tú que no quieres que Tu obra vuelva a Ti vacía.

7. ¿Cómo puedo soportar esta vida miserable si Tu misericordia y Tu gracia no me fortalecen? No apartes de mí Tu rostro, no retrases Tu visitación. No me retires Tu consuelo, no sea que mi alma «te anhele como tierra sedienta». Señor, enséñame a hacer Tu voluntad, enséñame a caminar humilde y rectamente delante de Ti, porque Tú eres mi sabiduría, que me conoces en verdad, y me conocías antes de que el mundo fuera hecho y antes de que yo naciera en el mundo.

(**1**) Juan vi. **63**. (**2**) Salmo xciv. **13**. (**3**) Isaías xxiii. **4**.

CAPÍTULO IV: Cómo debemos caminar en verdad y humildad ante Dios

–¡Hijo Mío! camina ante Mí en verdad, y en la sencillez de tu corazón búscame continuamente. El que camina ante Mí en la verdad estará a salvo de los asaltos malignos, y la verdad lo librará de las astucias y calumnias de los malvados. Si la verdad te hace libre, serás verdaderamente libre, y no te importarán las vanas palabras de los hombres.

2. Señor, es verdad lo que dices; te ruego que así sea conmigo; que tu verdad me enseñe, que me guarde y me preserve seguro hasta el fin. Que me libere de todo afecto malo y desordenado, y caminaré ante Ti con gran libertad de corazón.

3. –Yo te enseñaré –dice la Verdad– las cosas que son rectas y agradables ante Mí. Piensa en tus pecados con gran disgusto y dolor, y nunca te creas nada por tus buenas obras. En verdad eres un pecador, sujeto a muchas pasiones, sí, atado y ligado por ellas. Por ti mismo siempre tiendes a la nada, caerás rápidamente, serás conquistado rápidamente, perturbado rápidamente, deshecho rápidamente. No tienes de qué gloriarte, sino muchas razones por las que debes considerarte vil, porque eres mucho más débil de lo que puedes comprender.

4. –Por tanto, que nada de lo que haces te parezca grande; que nada sea grandioso, nada de valor o belleza, nada digno de honor, nada elevado, nada loable o deseable, salvo lo que es eterno. Que la verdad eterna te agrade por encima de todas las cosas, que tu propia gran vileza te desagrade continuamente. No temas, denuncies ni huyas de nada tanto como de tus propias faltas y pecados, que deberían desagradarte más que cualquier pérdida de bienes, por grande que sea. Hay algunos que no caminan sinceramente delante de mí, sino que, llevados por la curiosidad y el orgullo, desean conocer mis secretos y entender las profundidades de Dios, mientras se descuidan a sí mismos y a su salvación. Estos a menudo caen en grandes tentaciones y pecados a causa de su orgullo y curiosidad, porque Yo estoy contra ellos.

5. —Teme los juicios de Dios, teme grandemente la ira del Todopoderoso. Abstente de debatir sobre las obras del Altísimo, pero escudriña estrechamente tus propias iniquidades, en qué grandes pecados has caído y cuántas cosas buenas has descuidado. Hay algunos que llevan su devoción solo en los libros, algunos en las imágenes, algunos en signos y figuras externas; algunos me tienen en sus bocas, pero poco en sus corazones. Hay otros que, siendo iluminados en su entendimiento y purgados en sus afectos, anhelan continuamente las cosas eternas, oyen de las cosas terrenales con desgana, obedecen a las necesidades de la naturaleza con dolor. Y estos entienden lo que el Espíritu de verdad habla en ellos; porque Él les enseña a despreciar las cosas terrenales y a amar las celestiales; a descuidar el mundo y a desear el cielo todo el día y la noche.

CAPÍTULO V: Del maravilloso poder del Amor Divino

Te bendigo, oh Padre Celestial, Padre de mi Señor Jesucristo, porque te has dignado acordarte de mí, pobre como soy. ¡Oh, Padre de las Misericordias y Dios de toda consolación(**1**), te doy gracias, que me refrescas a veces con tu propio consuelo, cuando soy indigno de todo consuelo! Te bendigo y glorifico continuamente, con tu unigénito Hijo y el Espíritu Santo, el Paráclito, por los siglos de los siglos. ¡Oh Señor Dios, Santo amante de mi alma, cuando vengas a mi corazón, todas mis entrañas se regocijarán! Tú eres mi gloria y la alegría de mi corazón. Tú eres mi esperanza y mi refugio en el día de mi tribulación.

2. Pero como todavía soy débil en el amor e imperfecto en la virtud, necesito ser fortalecido y consolado por Ti; por tanto, visítame a menudo e instrúyeme con Tus santos caminos de disciplina. Líbrame de las malas pasiones, y limpia mi corazón de todos los afectos desordenados, para que, siendo sanado y completamente limpio por dentro, pueda estar dispuesto a amar, fuerte para sufrir, firme para perseverar.

3. El amor es una gran cosa, un bien por encima de todos los demás, que por sí solo hace ligera toda carga pesada, e iguala toda desigualdad. Porque lleva la carga y no la hace carga, hace que toda cosa amarga sea dulce y de buen gusto. El amor excelso de Jesús impulsa a grandes obras, y excita al deseo continuo de mayor perfección. El amor quiere ser elevado, y no ser retenido por ninguna cosa mezquina. El amor quiere ser libre y ajeno a todo afecto mundano, para que su poder interior de visión no se vea obstaculizado, para que no se enrede por ninguna prosperidad mundana ni sea vencido por la adversidad. Nada es más dulce que el amor, nada más fuerte, nada más elevado, nada más amplio, nada más placentero, nada más pleno o mejor en el cielo ni en la tierra, porque el amor nació de Dios y no puede descansar sino en Dios por encima de todas las cosas creadas.

4. El que ama vuela, corre y se alegra; es libre y no está impedido. Da todas las cosas por todas las cosas, y tiene todas las cosas en todas las cosas, porque descansa en Uno que está por encima de todo, de quien todo bien fluye y procede. No mira los dones, sino que se vuelve al Dador por encima de todos los bienes. El amor a menudo no conoce medida, sino que se desborda por encima de toda medida; el amor no siente carga, no cuenta los trabajos, se esfuerza por más de lo que puede hacer, no alega imposibilidad, porque juzga posibles todas las cosas que le son lícitas. Es fuerte, por tanto, para todas las cosas, y cumple muchas cosas, y tiene éxito donde el que no ama falla y yace.

5. El amor es vigilante, y mientras duerme, sigue velando; aunque fatigado, no se cansa; aunquc presionado, no es forzado; aunque alarmado, no se aterroriza; sino que, como llama viva y antorcha ardiente, se abre paso hacia lo alto y triunfa con seguridad. Si un hombre ama, sabe lo que clama esta voz. Porque el afecto ardiente del alma es un gran clamor en los oídos de Dios, y dice: ¡Mi Dios, mi Amado! Tú eres todo mío, y yo soy todo Tuyo.

6. Ensánchame en el amor, para que aprenda a gustar con la boca más íntima de mi corazón cuán dulce es amar, disolverse y nadar en el amor. Que sea yo sostenido por el amor, elevándome por encima de mí mismo por un fervor y una admiración desbordantes. Que cante yo el canto del amor, que te siga a Ti, mi Amado, en las alturas, que mi alma se agote en Tu alabanza, exultando de amor. Que te ame más que a mí mismo, no amándome a mí mismo sino por Tu causa, y a todos los hombres en Ti que verdaderamente te aman, como manda la ley del amor que de Ti resplandece.

7. El amor es rápido, sincero, piadoso, placentero, gentil, fuerte, paciente, fiel, prudente, longánime, viril, y nunca busca lo suyo; porque dondequiera que un hombre busca lo suyo, allí cae del amor. El amor es circunspecto, humilde y recto; no débil, no voluble, ni atento a cosas vanas; sobrio, casto, firme, tranquilo y guardado en todos los sentidos. El amor es súbdito y obediente a todos los que tienen autoridad, vil y humilde a sus propios ojos, devoto y agradecido para con Dios, fiel y siempre confiando en Él, incluso cuando Dios esconde Su rostro, porque sin dolor no podemos vivir en el amor.

8. El que no está dispuesto a sufrir todas las cosas y a conformarse a la voluntad del Amado, no es digno de ser llamado amante de Dios. Conviene que el que ama abrace voluntariamente todas las cosas duras y amargas por amor al Amado, y no se aparte de Él por ningún accidente contrario.

(**1**) **2** Corintios i. **3**.

CAPÍTULO VI: De la prueba del verdadero amante

–Hijo mío, aún no eres fuerte y prudente en tu amor.

2. ¿Por qué, Señor mío?

3. –Porque por una pequeña oposición abandonas tus empresas, y buscas con demasiada avidez la consolación. El amante fuerte se mantiene firme en las tentaciones, y no cree en las malas persuasiones del enemigo. Así como en la prosperidad le agrado, así en la adversidad no le desagrado.

4. –El amante prudente no considera tanto el don del amante como el amor del dador. Busca el afecto más que el valor, y pone todos los dones por debajo del Amado. El amante noble no descansa en el don, sino en Mí por encima de todo don.

5. –No todo está perdido, aunque a veces pienses en Mí o en Mis santos menos de lo que desearías. Ese afecto bueno y dulce que a veces percibes es el efecto de la gracia presente y un anticipo de la patria celestial; pero no debes depender demasiado de él, porque va y viene. Pero luchar contra los malos movimientos de la mente que nos vienen, y resistir las sugestiones del diablo, es señal de virtud y gran mérito.

6. –Por tanto, que no te perturben extrañas fantasías, de dondequiera que surjan. Observa valientemente tu propósito y tus rectas intenciones hacia Dios. No es una ilusión cuando a veces eres repentinamente arrebatado al éxtasis, y luego súbitamente devuelto a las acostumbradas vanidades de tu corazón. Porque más bien las sufres de mala gana que las causas; y mientras te desagraden y luches contra ellas, es un mérito y no una pérdida.

7. –Sabe que tu antiguo enemigo se esfuerza por completo en obstaculizar tu búsqueda del bien, y en disuadirte de todo ejercicio piadoso, a saber, la contemplación de los Santos, el piadoso recuerdo de Mi pasión, el provechoso recuerdo del pecado, la guarda de tu propio corazón y el firme propósito de crecer en la virtud. Te sugiere muchos malos pensamientos, para provocarte cansancio y terror, y así apartarte de la oración y la lectura sagrada. Le desagrada la humilde confesión, y si pudiera te haría cesar de la Comunión. No le creas, ni le hagas caso, aunque muchas veces te haya tendido las trampas del engaño. Atribúyelo a él, cuando te sugiera pensamientos malos e impuros. Dile: «Apártate, espíritu inmundo; avergüénzate, miserable; horriblemente inmundo eres tú, que traes tales cosas a mis oídos. Apártate de mí, detestable engañador; no tendrás parte en mí; sino que Jesús estará conmigo, como un fuerte guerrero, y tú quedarás confundido. Antes preferiría morir y soportar todo sufrimiento, que consentirte. Calla y enmudece; no te oiré más, aunque trames más trampas contra mí. El Señor es mi luz y mi salvación, ¿a quién temeré? Aunque un ejército acampe contra mí, no temerá mi corazón. El Señor es mi fuerza y mi Redentor».(**1**)

8. –Lucha como un buen soldado; y si a veces fallas por debilidad, revístete de tu fuerza con más valentía que antes, confiando en Mi gracia más abundante, y ten mucho cuidado de la vana confianza y el orgullo. A causa de ello, muchos son llevados al error, y a veces caen en una ceguera casi irremediable. Que esta ruina de los soberbios, que neciamente se enaltecen, te sirva de advertencia y de continua exhortación a la humildad.

(**1**) Salmos xxvii. **1-3**; xix. **14**.

CAPÍTULO VII: De cómo ocultar nuestra gracia bajo la guarda de la humildad

–Hijo Mío, es mejor y más seguro para ti ocultar la gracia de la devoción, y no enaltecerte, ni hablar mucho de ella, ni valorarla grandemente; sino más bien despreciarte a ti mismo, y temer como si esta gracia fuera dada a uno indigno de ella. Tampoco debes depender demasiado de este sentimiento, porque muy rápidamente puede convertirse en su contrario. Piensa, cuando estás en estado de gracia, cuán miserable y pobre sueles ser sin la gracia. Y el avance en la vida espiritual no consiste solo en esto, en que tengas la gracia de la consolación, sino en que tomes la retirada de ella con humildad, desinterés y paciencia; de modo que no ceses en el ejercicio de la oración, ni permitas que tus otros deberes comunes sean descuidados de ninguna manera; más bien, haz tu tarea con más prontitud, como si hubieras ganado más fuerza y conocimiento; y no te descuides por completo a causa de la sequedad y la ansiedad de espíritu que sientes.

2. –Porque hay muchos que, cuando las cosas no les han ido prósperas, se vuelven enseguida impacientes o perezosos. Porque el camino del hombre no está en sí mismo(**1**), sino que es de Dios dar y consolar, cuando Él quiere, y tanto como Él quiere, y a quien Él quiere, como le plazca, y no más. Algunos que fueron presuntuosos a causa de la gracia de la devoción dentro de ellos, se han destruido a sí mismos, porque querían hacer más de lo que podían, no considerando la medida de su propia pequeñez, sino siguiendo más el impulso del corazón que el juicio de la razón. Y porque presumieron más allá de lo que era agradable a Dios, por eso perdieron rápidamente la gracia. Se volvieron pobres y fueron dejados viles, los que habían construido para sí mismos su nido en el cielo; para que, siendo humillados y abatidos por la pobreza, aprendieran a no volar con sus propias alas, sino a poner su confianza bajo Mis plumas. Los que son aún nuevos e inexpertos en el camino del Señor, a menos que se gobiernen según el consejo de los sabios, pueden ser fácilmente engañados y desviados.

3. –Pero si desean seguir sus propias fantasías en lugar de confiar en la experiencia de otros, el resultado será muy peligroso para ellos si aún se niegan a ser apartados de su propia noción. Los que son sabios en sus propias presunciones, rara vez soportan pacientemente ser gobernados por otros. Es mejor tener una pequeña porción de sabiduría con humildad, y un entendimiento escaso, que grandes tesoros de ciencias con vana autoestima. Es mejor para ti tener menos que mucho de lo que pueda enorgullecerte. No obra muy discretamente el que se entrega por completo a la alegría, olvidando su anterior desamparo y el casto temor del Señor, que teme perder la gracia ofrecida. Tampoco es muy sabio, a la manera de un hombre, el que en tiempo de adversidad, o cualquier problema, se comporta con demasiada desesperación, y siente acerca de Mí menos confianza de la que debería.

4. –El que en tiempo de paz quiere estar demasiado seguro, a menudo se encontrará en tiempo de guerra demasiado abatido y lleno de temores. Si supieras siempre cómo continuar humilde y moderado en ti mismo, y guiar y gobernar bien tu propio espíritu, no caerías tan rápidamente en el peligro y la desgracia. Es un buen consejo que, cuando se enciende el fervor del espíritu, medites cómo te irá cuando la luz sea quitada. Lo cual, cuando suceda, recuerda que aún la luz puede volver de nuevo, la que he quitado por un tiempo para advertirte, y también para mi propia gloria. Tal prueba es a menudo más útil que si siempre tuvieras cosas prósperas según tu propia voluntad.

5. –Porque los méritos no han de ser contados por esto, que un hombre tenga muchas visiones o consolaciones, o que sea experto en las Escrituras, o que esté situado en una alta posición; sino que esté cimentado en la verdadera humildad y lleno de caridad divina, que siempre busque pura y rectamente el honor de Dios, que no se estime a sí mismo, sino que se desprecie sinceramente, e incluso se regocije de ser despreciado y humillado por otros más que de ser honrado.

(**1**) Jeremías x. **23**.

CAPÍTULO VIII: De una baja estimación de sí mismo a la vista de Dios

Hablaré a mi Señor, yo que no soy más que polvo y ceniza. Si me considero más, he aquí que Tú te opones a mí, y mis iniquidades dan testimonio verdadero, y no puedo contradecirlo. Pero si me humillo, y me reduzco a la nada, y rehúyo toda autoestima, y me muelo hasta el polvo, que soy, Tu gracia me será favorable, y Tu luz estará cerca de mi corazón; y toda autoestima, por pequeña que sea, será engullida en las profundidades de mi nada, y perecerá para siempre. Allí me muestras a mí mismo, lo que soy, lo que fui y a dónde he llegado: tan necio e ignorante fui(**1**). Si se me deja a mí mismo, he aquí que no soy nada, soy todo debilidad; pero si de repente me miras, inmediatamente soy fortalecido y lleno de nueva alegría. Y es una gran maravilla que sea tan súbitamente levantado, y tan graciosamente abrazado por Ti, ya que siempre soy arrastrado a lo profundo por mi propio peso.

2. Esto es obra de Tu amor, que libremente me precede y me socorre en tantas necesidades, que me guarda también en grandes peligros y me arrebata, como puedo decir en verdad, de innumerables males. Porque en verdad, amándome a mí mismo erróneamente, me perdí, y buscándote y amándote sinceramente solo a Ti, me encontré a mí mismo y a Ti, y por el amor me he llevado a una nada aún más profunda: porque Tú, oh dulcísimo Señor, me tratas más allá de todo mérito, y por encima de todo lo que me atrevo a pedir o pensar.

3. Bendito seas, oh mi Dios, porque aunque soy indigno de todos Tus beneficios, Tu generosa e infinita bondad nunca cesa de hacer el bien incluso a los ingratos y a los que están muy apartados de Ti. Vuélvenos a Ti, para que seamos agradecidos, humildes y piadosos, porque Tú eres nuestra salvación, nuestro valor y nuestra fuerza.

(**1**) Salmo lxxiii. **22**.

CAPÍTULO IX: Que todas las cosas han de ser referidas a Dios, como fin último

–Hijo Mío, Yo debo ser tu fin Supremo y último, si deseas ser verdaderamente feliz. Con tal propósito se purificará tu afecto, que con demasiada frecuencia se inclina pecaminosamente sobre sí mismo y sobre las cosas creadas. Porque si te buscas a ti mismo en cualquier asunto, enseguida decaerás dentro de ti y te volverás estéril. Por tanto, refiérelo todo a Mí en primer lugar, porque soy Yo quien te lo dio todo. Así que mira cada bendición como fluyendo del Bien Supremo, y así todas las cosas han de ser atribuidas a Mí como su fuente.

2. –De Mí, el humilde y el grande, el pobre y el rico, sacan agua como de una fuente viva, y los que me sirven con un espíritu libre y fiel recibirán gracia por gracia. Pero el que quiera gloriarse aparte de Mí, o se deleite con algún bien que yace en sí mismo, no será establecido en la verdadera alegría, ni se ensanchará su corazón, sino que será grandemente impedido y arrojado a la tribulación. Por tanto, no debes atribuirte ningún bien a ti mismo, ni considerar la virtud como perteneciente a ningún hombre, sino atribuirlo todo a Dios, sin quien el hombre no tiene nada. Yo lo di todo, Yo lo recibiré todo de nuevo, y con gran rigor exijo la acción de gracias.

3. –Esta es la Verdad, y por ella es puesta en fuga la vanidad de la jactancia. Y si la gracia celestial y la verdadera caridad entran en ti, no habrá envidia, ni estrechez de corazón, ni ningún amor propio se apoderará de ti. Porque la caridad divina todo lo vence, y ensancha todas las potencias del alma. Si eres verdaderamente sabio, te regocijarás solo en Mí, esperarás solo en Mí; porque «no hay nadie bueno, sino solo Dios»(**1**), que ha de ser alabado por encima de todas las cosas, y en todas las cosas recibir bendición.

(**1**) Lucas xviii. **19**.

CAPÍTULO X: Que es dulce despreciar el mundo y servir a Dios

Ahora hablaré de nuevo, oh Señor mío, y no callaré; diré a los oídos de mi Dios, mi Señor y mi Rey, que está exaltado sobre todo: «¡Oh, cuán grande es tu bondad, que has guardado para los que te temen!»(**1**). Pero ¿qué eres Tú para los que te aman? ¿Qué para los que te sirven con todo su corazón? Verdaderamente inefable es la dulzura de la contemplación de Ti, que concedes a los que te aman. En esto, sobre todo, me has mostrado la dulzura de Tu caridad: que cuando yo no existía, Tú me hiciste, y cuando vagaba lejos de Ti, me trajiste de vuelta para que te sirviera, y me mandaste que te amara.

2. ¡Oh, Fuente de amor perpetuo! ¿Qué diré de Ti? ¿Cómo podré olvidarme de Ti, que te dignaste acordarte de mí, incluso después de que me consumiera y pereciera? Has tenido misericordia más allá de toda esperanza para con Tu siervo, y has mostrado Tu gracia y amistad más allá de todo merecimiento. ¿Qué recompensa te daré por esta Tu gracia? Porque no a todos les es dado renunciar a este mundo y a sus asuntos, y tomar una vida religiosa. Pues, ¿es gran cosa que yo te sirva, a quien toda criatura debe servir? No debería parecerme gran cosa servirte; sino más bien esto me parece una cosa grande y maravillosa, que te dignes recibir como siervo a uno tan pobre e indigno, y unirlo a Tus siervos escogidos.

3. He aquí que todas las cosas que tengo son Tuyas, y con ellas te sirvo. Y sin embargo, en verdad, eres Tú quien me sirve a mí, más que yo a Ti. He aquí el cielo y la tierra que Tú has creado para el servicio de los hombres; están a Tu disposición, y cumplen diariamente todo lo que Tú mandas. Sí, y esto es poco; porque incluso has ordenado a los Ángeles para el servicio del hombre. Pero sobrepasa incluso todas estas cosas, que Tú mismo te dignaste servir al hombre, y prometiste que te darías a él.

4. ¿Qué te daré por todas estas Tus múltiples misericordias? ¡Oh, si pudiera servirte todos los días de mi vida! ¡Oh, si siquiera por un día pudiera prestarte un servicio digno de Ti! Porque en verdad eres digno de todo servicio, todo honor y alabanza sin fin. En verdad Tú eres mi Dios, y yo soy Tu pobre siervo, que estoy obligado a servirte con todas mis fuerzas, y nunca debería cansarme de Tu alabanza. Este es mi deseo, este es mi anhelo grandísimo, y todo lo que me falta, dígnate suplirlo.

5. Es gran honor, gran gloria servirte, y despreciarlo todo por Tu causa. Porque tendrán gran gracia los que por su propia voluntad se sometan a Tu santísimo servicio. Los que por Tu amor han desechado todo deleite carnal encontrarán la dulcísima consolación del Espíritu Santo. Los que entran por el camino estrecho de la vida por amor a Tu Nombre, y han apartado todas las preocupaciones mundanas, alcanzarán gran libertad de espíritu.

6. ¡Oh, servicio de Dios agradecido y deleitoso, por el cual el hombre se hace verdaderamente libre y santo! ¡Oh, sagrada condición del siervo religioso, que hace al hombre igual a los Ángeles, agradable a Dios, terrible para los malos espíritus, y aceptable a todos los fieles! ¡Oh, servicio que ha de ser abrazado y siempre deseado, en el que se promete el sumo bien, y se gana una alegría que permanecerá para siempre!

(**1**) Salmo xxxi. **19**.

CAPÍTULO XI: Que los deseos del corazón han de ser examinados y gobernados

–Hijo Mío, todavía tienes muchas cosas que aprender, que aún no has aprendido bien.

2. ¿Cuáles son, Señor?

3. –Someter por completo tu deseo a Mi beneplácito, y no ser amante de ti mismo, sino un buscador fervoroso de Mi voluntad. Tus deseos a menudo te excitan e impulsan; pero considera contigo mismo si no te mueves más por tus propios objetivos que por Mi honor. Si es a Mí a quien buscas, estarás muy contento con todo lo que Yo ordene; pero si algún afán tuyo yace oculto dentro de ti, he aquí que es esto lo que te obstaculiza y te abruma.

4. –Ten cuidado, por tanto, no sea que te esfuerces con demasiada vehemencia por algún deseo que has concebido, sin consultarme; no sea que después te arrepientas, y te desagrade lo que antes te agradaba, y por lo que anhelabas como un gran bien. Porque no todo afecto que parece bueno ha de ser seguido de inmediato; ni todo afecto contrario ha de ser evitado inmediatamente. A veces es conveniente usar la moderación incluso en los buenos deseos y anhelos, no sea que por la importunidad caigas en la distracción de la mente, no sea que por falta de disciplina te conviertas en un tropiezo para los demás, o no sea que por la resistencia de otros te veas súbitamente perturbado y llevado a la confusión.

5. –A veces, en verdad, es necesario usar la violencia, y luchar virilmente contra el apetito sensual, y no considerar lo que la carne quiera o no quiera; sino más bien esforzarse por esto, para que se someta, aunque de mala gana, al espíritu. Y por tanto tiempo debe ser castigada y obligada a sufrir la esclavitud, hasta que esté dispuesta a todo, y aprenda a contentarse con poco, a deleitarse con cosas sencillas, y a no murmurar nunca por ninguna incomodidad.

CAPÍTULO XII: Del crecimiento interior de la paciencia y de la lucha contra los malos deseos

Oh, Señor Dios, veo que la paciencia me es muy necesaria; porque muchas cosas en esta vida resultan contrarias. Pues por mucho que haya procurado mi paz, mi vida no puede transcurrir sin lucha y sin problemas.

2. –Dices la verdad, Hijo Mío. Porque no quiero que busques una paz tal que esté libre de pruebas y no conozca adversidades; sino más bien que juzgues haber encontrado la paz, cuando seas probado con múltiples tribulaciones y examinado por muchas adversidades. Si dijeras que no eres capaz de soportar mucho, ¿cómo, pues, soportarás el fuego del más allá? De dos males debemos elegir siempre el menor. Por tanto, para que escapes de los tormentos eternos venideros, esfuérzate por la causa de Dios en soportar valientemente los males presentes. ¿Crees que los hijos de este mundo no sufren nada, o muy poco? No lo encontrarás así, aunque descubras a los más prósperos.

3. –«Pero», dirás, «tienen muchos deleites, y siguen sus propias voluntades, y así soportan ligeramente sus tribulaciones».

4. –Sea así, concede que tengan lo que desean; pero ¿cuánto tiempo, piensas, durará? He aquí que, como el humo, los que son ricos en este mundo pasarán, y no quedará memoria de sus alegrías pasadas. Sí, incluso mientras viven, no descansan sin amargura, cansancio y temor. Porque de la misma cosa en que encuentran deleite, de ahí a menudo reciben el castigo del dolor. Justamente les sucede que, porque buscan y persiguen los placeres sin medida, no los disfrutan sin confusión y amargura. ¡Oh, cuán cortos, cuán falsos, cuán desordenados e inicuos son todos estos placeres! Sin embargo, por su necedad y ceguera, los hombres no lo entienden; sino que, como bestias brutas, por un poco de placer de esta vida corruptible, incurren en la muerte del alma. Tú, por tanto, hijo mío, «no vayas tras tus concupiscencias, sino refrénate de tus apetitos»(**1**). «Deléitate en el Señor, y Él te dará las peticiones de tu corazón»(**2**).

5. –Porque si quieres deleitarte verdaderamente, y ser abundantemente consolado por Mí, he aquí que en el desprecio de todas las cosas mundanas y en la evitación de todos los placeres sin valor estará tu bendición, y se te dará plenitud de consolación. Y cuanto más te apartes de todo solaz de las criaturas, tanto más dulces y poderosas consolaciones encontrarás. Pero al principio no las alcanzarás sin algo de dolor y dura lucha. El hábito largamente acostumbrado se opondrá, pero será vencido por un hábito mejor. La carne murmurará una y otra vez, pero será refrenada por el fervor del espíritu. La vieja serpiente te instará y amargará, pero será puesta en fuga por la oración; además, con un trabajo útil su entrada será grandemente obstruida.

(**1**) Eclesiástico xviii. **30**. (**2**) Salmo xxxvii. **4**.

CAPÍTULO XIII: De la obediencia de quien está en humilde sujeción, según el ejemplo de Jesucristo

–Hijo Mío, el que se esfuerza por sustraerse a la obediencia, se sustrae también a la gracia, y el que busca ventajas privadas, pierde las que son comunes a todos. Si un hombre no se somete libre y voluntariamente a quien está puesto sobre él, es señal de que su carne aún no está perfectamente sujeta a sí mismo, sino que a menudo se resiste y murmura. Aprende, por tanto, a someterte rápidamente a quien está sobre ti, si buscas someter tu propia carne. Porque el enemigo exterior es vencido muy rápidamente si el hombre interior no ha sido abatido. No hay enemigo más grave y mortal para el alma que tú mismo, si no eres guiado por el Espíritu. No debes concebir en absoluto desprecio por ti mismo, si quieres prevalecer contra la carne y la sangre. Porque como todavía te amas desordenadamente a ti mismo, por eso rehúyes entregarte a la voluntad de otros.

2. –Pero, ¿qué gran cosa es que tú, que eres polvo y nada, te entregues a un hombre por amor a Dios, cuando Yo, el Todopoderoso y Altísimo, que creé todas las cosas de la nada, me sometí al hombre por tu causa? Me convertí en el más humilde y despreciado de los hombres, para que por Mi humildad vencieras tu orgullo. ¡Aprende a obedecer, oh polvo! Aprende a humillarte, oh tierra y arcilla, y a inclinarte bajo los pies de todos. Aprende a aplastar tus pasiones y a entregarte en total sujeción.

3. –Sé celoso contra ti mismo, no permitas que el orgullo viva dentro de ti, sino muéstrate tan sujeto y sin reputación, que todos puedan caminar sobre ti, y pisarte como el barro de las calles. ¿De qué tienes, hombre necio, que quejarte? ¿Qué, oh vil pecador, puedes responder a los que hablan contra ti, viendo que tan a menudo has ofendido a Dios, y muchas veces has merecido el infierno? Pero Mi ojo te ha perdonado, porque tu alma era preciosa a Mi vista; para que conocieras Mi amor, y fueras agradecido por Mis beneficios; y para que te entregaras por completo a la verdadera sujeción y humildad, y soportaras pacientemente el desprecio que mereces.

CAPÍTULO XIV: De la meditación sobre los juicios ocultos de Dios, para que no nos enorgullezcamos de nuestras buenas obras

Tú lanzas Tus juicios contra mí, oh Señor, y sacudes todos mis huesos con temor y temblor, y mi alma tiembla sobremanera. Permanezco atónito, y recuerdo que «ni los cielos son puros a tus ojos»(**1**). Si a Tus ángeles acusaste de necedad, y no los perdonaste, ¿qué será de mí? Estrellas han caído del cielo, y ¿qué me atreveré yo, que no soy más que polvo? Aquellos cuyas obras parecían loables, cayeron en las más bajas profundidades, y a los que comían el pan de los Ángeles, los he visto deleitarse con las bellotas que comen los cerdos.

2. No hay, por tanto, santidad, si Tú, oh Señor, retiras Tu mano. Ninguna sabiduría aprovecha, si Tú dejas de guiar el timón. Ninguna fuerza vale, si Tú cesas de preservar. Ninguna pureza está segura, si Tú no la proteges. Ninguna vigilancia propia sirve, si Tu santa guardia no está ahí. Porque cuando se nos deja solos, somos engullidos y perecemos, pero cuando somos visitados, nos levantamos y vivimos. Porque en verdad somos inestables, pero por Ti somos fortalecidos; nos enfriamos, pero por Ti somos reavivados.

3. ¡Oh, cuán humilde y abyectamente debo considerarme, cómo debo sopesarlo como nada, si parezco no tener nada bueno! ¡Oh, cuán profundamente debo someterme a Tus insondables juicios, oh Señor, cuando no me encuentro a mí mismo más que nada, y de nuevo nada! ¡Oh peso inconmensurable, oh océano que no puede ser cruzado, donde no encuentro nada de mí mismo salvo la nada absoluta! ¿Dónde, pues, está el escondrijo de la gloria, dónde la confianza engendrada por la virtud? Toda vanagloria es engullida en las profundidades de Tus juicios contra mí.

4. ¿Qué es toda carne a Tu vista? Porque, ¿cómo se jactará la arcilla contra el que la modeló?(2) ¿Cómo puede enaltecerse con vanas palabras aquel cuyo corazón está sometido en verdad a Dios? El mundo entero no levantará a quien la Verdad ha subyugado; ni será movido por la boca de todos los que lo alaban, el que ha puesto toda su esperanza en Dios. Porque ellos mismos que hablan, he aquí, no son nada; porque cesarán con el sonido de sus palabras, «pero la verdad del Señor permanece para siempre»(3).

(1) Job xv. 15. (2) Isaías xxix. 16. (3) Salmo cxvii. 2.

CAPÍTULO XV: Cómo debemos estar y hablar, en todo lo que deseamos

—Hijo Mío, habla así en todo asunto: «Señor, si te place, que esto suceda. Señor, si esto ha de ser para Tu honra, que se haga en Tu Nombre. Señor, si lo ves bueno para mí, y lo apruebas como útil, entonces concédeme usarlo para Tu honra. Pero si sabes que me será perjudicial, y no provechoso para la salud de mi alma, ¡quita de mí ese deseo!». Porque no todo deseo es del Espíritu Santo, aunque a un hombre le parezca recto y bueno. Es difícil juzgar con certeza si un espíritu bueno o malo te mueve a desear esto o aquello, o si eres movido por tu propio espíritu. Muchos han sido engañados al final, que al principio parecían ser movidos por un buen espíritu.

2. —Por tanto, todo lo que te parezca deseable, siempre debes desearlo y buscarlo con el temor de Dios y humildad de corazón, y sobre todo, debes resignarte por completo, y encomendármelo todo a Mí y decir: «Señor, tú sabes lo que es mejor; que sea esto o aquello, según Tu voluntad. Da lo que quieras, tanto como quieras, cuando quieras. Haz conmigo como mejor sepas, y como más te plazca, y como sea más para Tu honra. Ponme donde quieras, y obra libremente Tu voluntad conmigo en todas las cosas. Estoy en Tu mano, y guíame en mi curso. He aquí, soy Tu siervo, dispuesto a todo; porque no deseo vivir para mí mismo, sino para Ti. ¡Oh, que pudiera vivir digna y perfectamente!».

ORACIÓN PARA PODER CUMPLIR PERFECTAMENTE LA VOLUNTAD DE

3. Concédeme Tu gracia, misericordiosísimo Jesús, para que esté conmigo, y obre en mí, y persevere conmigo, hasta el fin. Concede que siempre desee y quiera todo lo que sea más agradable y querido para Ti. Que Tu voluntad sea la mía, y que mi voluntad siga siempre la Tuya, y concuerde enteramente con ella. Que yo elija y rechace todo lo que Tú haces; sí, que me sea imposible elegir o rechazar excepto según Tu voluntad.

4. Concédeme morir a todas las cosas del mundo, y por Tu causa amar ser despreciado y desconocido en este mundo. Concédeme, por encima de todas las cosas que puedo desear, descansar en Ti, y que en Ti mi corazón esté en paz. Tú eres la verdadera paz del corazón, Tú solo su descanso; aparte de Ti todas las cosas son duras e inquietas. Solo en Ti, el supremo y eterno Dios, «en paz me acostaré y así también dormiré»(**1**). Amén.

(**1**) Salmo iv. **8**.

CAPÍTULO XVI: Que el verdadero consuelo ha de buscarse solo en Dios

Cualquier cosa que pueda desear o pensar para mi consuelo, no la busco aquí, sino en el más allá. Porque si yo solo tuviera todos los consuelos de este mundo, y pudiera disfrutar de todos sus deleites, es cierto que no podrían durar mucho. Por tanto, oh alma mía, solo en Dios, Consolador de los pobres y Exaltador de los humildes, puedes ser plenamente consolada y perfectamente refrescada. Espera un poco, alma mía, espera la promesa Divina, y tendrás abundancia de todos los bienes en el cielo. Si anhelas con demasiada desmesura las cosas que son de ahora, perderás las que son eternas y celestiales. Que las cosas temporales estén en el uso, las eternas en el deseo. No puedes ser satisfecho con ningún bien temporal, porque no fuiste creado para el goce de estos.

2. Aunque tuvieras todos los bienes que jamás fueron creados, no podrías ser feliz y bienaventurado; toda tu bienaventuranza y tu felicidad radican en Dios que creó todas las cosas; no una felicidad tal como le parece buena al necio amante del mundo, sino tal como esperan los buenos y fieles siervos de Cristo, y como a veces gustan los espirituales y puros de corazón, cuya «ciudadanía está en los cielos»(**1**). Todo consuelo humano es vacío y efímero; bienaventurado y verdadero es aquel consuelo que se siente interiormente, brotando de la verdad. El hombre piadoso lleva por doquier consigo a su propio Consolador, Jesús, y le dice: «Está conmigo, Señor Jesús, siempre y en todo lugar. Que sea mi consuelo poder renunciar alegremente a todo consuelo humano. Y si Tu consolación me falta, que Tu voluntad y justa aprobación estén siempre conmigo para el mayor consuelo. Porque no estarás siempre enojado, ni guardarás tu ira para siempre»(**2**).

(**1**) Filipenses iii. **20**. (**2**) Salmo ciii. **9**.

CAPÍTULO XVII: Que todo cuidado ha de ser puesto en Dios

–Hijo Mío, permíteme hacer contigo lo que Yo quiera; Yo sé lo que te conviene. Tú piensas como un hombre, en muchas cosas juzgas como te persuade el afecto humano.

2. Señor, lo que dices es verdad. Mayor es Tu cuidado por mí que todo el cuidado que yo puedo tener por mí mismo. Porque demasiado inseguro está el que no pone todo su cuidado en Ti. Señor, mientras mi voluntad permanezca recta y firme en Ti, haz de mí lo que quieras, porque todo lo que hagas conmigo no puede ser sino bueno. Bendito seas si me dejas en la oscuridad; bendito seas también si me dejas en la luz. Bendito seas si te dignas consolarme, y siempre bendito seas si me causas turbación.

3. –¡Hijo Mío! así has de estar si deseas caminar conmigo. Debes estar dispuesto tanto para el sufrimiento como para el gozo. Debes ser pobre y necesitado tan voluntariamente como pleno y rico.

4. Señor, soportaré voluntariamente por Ti todo lo que quieras que me sobrevenga. Sin elección recibiré de Tu mano lo bueno y lo malo, lo dulce y lo amargo, la alegría y la tristeza, y te daré gracias por todas las cosas que me sucedan. Guárdame de todo pecado, y no temeré la muerte ni el infierno. Solo no me deseches para siempre, ni me borres del libro de la vida. Entonces ninguna tribulación que me sobrevenga me hará daño.

CAPÍTULO XVIII: Que las miserias temporales han de ser soportadas pacientemente según el ejemplo de Cristo

–¡Hijo Mío! Yo descendí del cielo por tu salvación; tomé sobre Mí tus miserias no por necesidad, sino atraído por el amor, para que aprendieras la paciencia y soportaras las miserias temporales sin murmurar. Porque desde la hora de Mi nacimiento hasta Mi muerte en la Cruz, no cesé de soportar el dolor; tuve gran carencia de bienes temporales; oí a menudo muchos reproches contra Mí; soporté con mansedumbre contradicciones y palabras duras; recibí ingratitud por los beneficios, blasfemias por Mis milagros, reprensiones por Mi doctrina.

2. Señor, porque fuiste paciente en Tu vida, cumpliendo en esto sobre todo el mandamiento de Tu Padre, es justo que yo, miserable pecador, me soporte pacientemente según Tu voluntad, y mientras Tú quieras, lleve conmigo, para mi salvación, la carga de esta vida corruptible. Porque aunque la vida presente parece gravosa, sin embargo, ya está hecha muy llena de mérito por Tu gracia, y para los que son débiles se vuelve más fácil y brillante por Tu ejemplo y las huellas de Tus santos; pero también está mucho más llena de consuelo de lo que estaba antiguamente, bajo el Antiguo Testamento, cuando la puerta del cielo permanecía cerrada; e incluso el camino al cielo parecía más oscuro cuando tan pocos se preocupaban por buscar el reino celestial. Pero ni siquiera aquellos que entonces eran justos y estaban en el camino de la salvación pudieron, antes de Tu Pasión y el rescate de Tu santa Muerte, entrar en el reino de los cielos.

3. ¡Oh, cuántas gracias estoy obligado a darte, que te has dignado mostrarme a mí y a todos los fieles el camino bueno y recto hacia Tu reino eterno! Porque Tu camino es nuestro camino, y por la santa paciencia caminamos hacia Ti que eres nuestra Corona. Si Tú no hubieras ido delante y nos hubieras enseñado, ¿quién se preocuparía por seguir? ¡Oh, cuán atrás se habrían quedado si no hubieran contemplado Tu glorioso ejemplo! He aquí que todavía estamos tibios, aunque hemos oído de Tus muchos signos y discursos; ¿qué sería de nosotros si no tuviéramos una luz tan grande para ayudarnos a seguirte?

CAPÍTULO XIX: De cómo soportar las injurias, y quién será aprobado como verdaderamente paciente

–¿Qué dices, Hijo Mío? Cesa de quejarte; considera Mi sufrimiento y el de Mis santos. Aún no has resistido hasta la sangre(**1**). Es poco lo que sufres en comparación con aquellos que han sufrido tantas cosas, han sido tan fuertemente tentados, tan gravemente atribulados, tan diversamente probados y examinados. Deberías, por tanto, recordar los sufrimientos más graves de otros para que puedas soportar los tuyos, más leves, con más facilidad, y si no te parecen pequeños, mira que no sea tu impaciencia la causa de esto. Pero ya sean pequeños o grandes, esfuérzate por soportarlos todos con paciencia.

2. –En la medida en que te dispongas a soportar pacientemente, en esa medida obras sabiamente y mereces más mérito; también lo soportarás más fácilmente si tu mente y tu hábito son cuidadosamente entrenados para ello. Y no digas: «No puedo soportar estas cosas de tal hombre, ni cosas de este tipo deben ser soportadas por mí, porque me ha hecho un daño grave y me imputa lo que nunca había pensado; pero de otro sufriré pacientemente, tales cosas como veo que debo sufrir». Necio es un pensamiento como este, porque no considera la virtud de la paciencia, ni por quién ha de ser coronada esa virtud, sino que más bien sopesa a las personas y las ofensas contra uno mismo.

3. –No es verdaderamente paciente quien solo quiere sufrir hasta donde le parece justo y de quien le place. Pero el hombre verdaderamente paciente no considera por qué hombre es probado, si por uno superior a él, o por un igual o inferior, si por un hombre bueno y santo, o uno perverso e indigno; sino que indiferentemente de toda criatura, cualquier adversidad que le suceda o con la frecuencia que sea, todo lo acepta con gratitud de la mano de Dios y lo cuenta como una gran ganancia: porque con Dios nada que se soporte por Su causa, por pequeño que sea, perderá su recompensa.

4. –Prepárate, pues, para la lucha si quieres obtener la victoria. Sin esfuerzo no puedes ganar la corona de la paciencia; si no quieres sufrir, te niegas a ser coronado. Pero si deseas ser coronado, lucha virilmente, soporta pacientemente. Sin trabajo no te acercas al descanso, ni sin lucha llegas a la victoria.

5. Hazme posible, oh Señor, por la gracia, lo que me parece imposible por naturaleza. Tú sabes cuán poco soy capaz de soportar, y cuán rápidamente soy derribado cuando una adversidad semejante se levanta contra mí. Que cualquier prueba de tribulación que me venga, se me haga agradable y aceptable, porque sufrir y ser vejado por Tu causa es sumamente saludable para el alma.

(**1**) Hebreos xii. **4**.

CAPÍTULO XX: De la confesión de nuestra flaqueza y de las miserias de esta vida

Te reconoceré mi pecado(**1**); te confesaré, Señor, mi flaqueza. A menudo es una cosa pequeña la que me abate y me entristece. Resuelvo que actuaré con valentía, pero cuando llega una pequeña tentación, inmediatamente me encuentro en un gran aprieto. A veces es maravillosamente pequeña la materia de donde proviene una grave tentación, y mientras me imagino seguro por un breve espacio, cuando no estoy atento, me encuentro a menudo casi vencido por un pequeño soplo de viento.

2. He aquí, por tanto, oh Señor, mi humildad y mi fragilidad, que te son enteramente conocidas. Sé misericordioso conmigo, y sácame del lodo para que no me hunda(**2**), no sea que permanezca siempre abatido. Esto es lo que frecuentemente me hace retroceder y me confunde ante Ti, que soy tan propenso a caer, tan débil para resistir mis pasiones. Y aunque su asalto no es del todo conforme a mi voluntad, es violento y penoso, y me cansa sobremanera vivir así diariamente en conflicto. En esto se me da a conocer mi flaqueza, que las odiosas fantasías siempre se precipitan con mucha más facilidad de la que se van.

3. ¡Oh, que Tú, poderosísimo Dios de Israel, Amante de todas las almas fieles, miraras el trabajo y el dolor de Tu siervo, y le dieras ayuda en todas las cosas por las que se esfuerza! Fortaléceme con fortaleza celestial, no sea que el hombre viejo, esta carne miserable, no estando aún plenamente sometida al espíritu, prevalezca para gobernar sobre mí; contra la cual debo luchar mientras permanezca en esta vida miserable. ¡Oh, qué vida es esta, donde las tribulaciones y miserias no cesan, donde todo está lleno de trampas y de enemigos! Porque cuando una tribulación o tentación se va, otra viene; sí, mientras el conflicto anterior aún arrecia, otras vienen en mayor número e inesperadamente.

4. ¿Y cómo puede amarse la vida del hombre, viendo que tiene tantas amarguras, que está sujeta a tantas calamidades y miserias? ¿Cómo puede siquiera llamarse vida, cuando produce tantas muertes y plagas? A menudo se reprocha al mundo por ser engañoso y vano, y sin embargo no se renuncia a él fácilmente, porque las concupiscencias de la carne tienen demasiado dominio sobre él. Unas cosas nos atraen al amor, otras al odio. La concupiscencia de la carne, la concupiscencia de los ojos y la soberbia de la vida, estas atraen al amor del mundo; pero los castigos y miserias que justamente siguen a estas cosas, engendran el odio al mundo y el cansancio.

5. Pero, ¡ay!, un mal deseo vence a una mente entregada al mundo, y piensa que es felicidad estar bajo las ortigas(**3**) porque no saborea ni percibe la dulzura de Dios ni la gracia interior de la virtud. Pero los que desprecian perfectamente el mundo y se esfuerzan por vivir para Dios en santa disciplina, estos no son ignorantes de la dulzura divina prometida a todos los que verdaderamente se niegan a sí mismos, y ven claramente cuán gravemente yerra el mundo, y de cuántas maneras es engañado.

(**1**) Salmo xxxii. **5**. (**2**) Salmo lxix. **14**. (**3**) Job xxx. **7**.

CAPÍTULO XXI: Que debemos descansar en Dios por encima de todos los bienes y dones

Por encima de todas las cosas y en todas las cosas descansarás siempre en el Señor, oh alma mía, porque Él mismo es el descanso eterno de los santos. Concédeme, dulcísimo y amantísimo Jesús, descansar en Ti por encima de toda criatura, por encima de toda salud y belleza, por encima de toda gloria y honor, por encima de todo poder y dignidad, por encima de todo conocimiento y habilidad, por encima de todas las riquezas y artes, por encima de toda alegría y exaltación, por encima de toda fama y alabanza, por encima de toda dulzura y consolación, por encima de toda esperanza y promesa, por encima de todo mérito y deseo, por encima de todos los dones y recompensas que puedas dar y derramar, por encima de toda alegría y júbilo que la mente pueda recibir y sentir; en una palabra, por encima de los Ángeles y Arcángeles y todo el ejército del cielo, por encima de todas las cosas visibles e invisibles, y por encima de todo lo que Tú, oh Dios mío, no eres.

2. Porque Tú, oh Señor, mi Dios, eres el mejor por encima de todas las cosas; solo Tú eres el Altísimo, solo Tú el Todopoderoso, solo Tú el Todosuficiente y la Plenitud de todas las cosas; solo Tú el Todo-deleitoso y el Todo-consolador; solo Tú el enteramente amable y enteramente amoroso; solo Tú el Más Exaltado y Más Glorioso por encima de todas las cosas; en Quien todas las cosas son, y fueron, y siempre serán, en su totalidad y perfección. Y así se queda corto e insuficiente todo lo que me das sin Ti, o todo lo que revelas o prometes acerca de Ti, mientras no eres visto o plenamente poseído: ya que en verdad mi corazón no puede descansar verdaderamente ni estar enteramente contento, excepto si descansa en Ti, y va más allá de todos los dones y de toda criatura.

3. ¡Oh, mi amadísimo Esposo, Jesucristo, santísimo amante de mi alma, Soberano de toda esta Creación! ¿Quién me dará las alas de la verdadera libertad, para que pueda volar hacia Ti y encontrar descanso? ¡Oh, cuándo se me concederá estar abierto para recibirte plenamente y ver cuán dulce eres, oh Señor mi Dios! ¿Cuándo me recogeré enteramente en Ti, para que por Tu amor no me sienta en absoluto a mí mismo, sino que te conozca solo a Ti por encima de todo sentido y medida, en una medida no conocida por otros? Pero ahora gimo a menudo, y soporto con dolor mi triste estado; porque muchos males me sobrevienen en este valle de miserias que continuamente me perturban y llenan de tristeza, y me anublan, continuamente me impiden y llenan de cuidado, me atraen y enredan, de modo que no puedo tener libre acceso a Ti, ni disfrutar de ese dulce trato que siempre está al alcance de los espíritus bienaventurados. Que mi profundo suspiro llegue ante Ti, y mi múltiple desolación en la tierra.

4. ¡Oh Jesús, Luz de la Gloria Eterna, consuelo del alma errante! Ante Ti mi boca está sin habla, y mi silencio te habla. ¿Cuánto tardará mi Señor en venir a mí? Que venga a mí, su pobre y humilde, y me alegre. Que extienda Su mano y libere a Su siervo de toda trampa. Ven, oh ven; porque sin Ti no habrá día ni hora gozosa, porque Tú eres mi gozo, y sin Ti mi mesa está vacía. Soy miserable, y en cierto modo estoy encarcelado y cargado de cadenas, hasta que me refresques con la luz de Tu presencia, y me des libertad, y me muestres Tu semblante amoroso.

5. Que otros busquen otra cosa en lugar de Ti, lo que les plazca; pero por mi parte nada más me agrada ni me agradará, salvo Tú, mi Dios, mi esperanza, mi salvación eterna. No callaré, ni cesaré de implorar, hasta que Tu gracia regrese, y hasta que me hables por dentro.

6. –¡He aquí, aquí estoy! He aquí, vengo a ti, porque me llamaste. Tus lágrimas y el anhelo de tu alma, tu humildad y la contrición de tu corazón me han inclinado y me han traído a ti.

7. Y yo dije: Señor, te he invocado, y he anhelado gozar de Ti, estando dispuesto a rechazar todo por Tu causa. Porque Tú primero me moviste a buscarte. Por tanto, bendito seas, oh Señor, que has obrado esta buena obra en Tu siervo, según la multitud de Tu misericordia. ¿Qué tiene, pues, que decir Tu siervo en Tu presencia, salvo humillarse grandemente ante Ti, siendo siempre consciente de su propia iniquidad y vileza? Porque no hay nadie como Tú en todas las maravillas del cielo y de la tierra. Excelentes son Tus obras, verdaderos Tus juicios, y por Tu Providencia todas las cosas son gobernadas. Por tanto, alabanza y gloria sean a Ti, oh Sabiduría del Padre, que mi boca y mi alma y todas las cosas creadas te alaben y bendigan juntamente.

CAPÍTULO XXII: Del recuerdo de los múltiples beneficios de Dios

Abre, oh Señor, mi corazón en Tu ley, y enséñame a caminar en el camino de Tus mandamientos. Concédeme entender Tu voluntad y recordar Tus beneficios, tanto generales como especiales, con gran reverencia y diligente meditación, para que así pueda darte dignamente gracias. Sin embargo, sé y confieso que no puedo rendirte las debidas alabanzas por la menor de Tus misericordias. Soy menos que el menor de todos los bienes que me diste; y cuando considero Tu majestad, mi espíritu desfallece por su grandeza.

2. Todas las cosas que tenemos en el alma y en el cuerpo, y cualesquiera cosas que poseemos, ya sea exterior o interiormente, natural o sobrenaturalmente, son Tus buenos dones, y prueban que Tú, de quien las hemos recibido todas, eres bueno, gentil y bondadoso. Aunque uno reciba muchas cosas y otro menos, todas son Tuyas, y sin Ti ni siquiera la cosa más pequeña puede ser poseída. El que ha recibido más no puede jactarse de que es por su propio mérito, ni enaltecerse por encima de los demás, ni despreciar a los que están por debajo de él; porque es más grande y mejor el que menos se atribuye a sí mismo, y al dar gracias es más humilde y devoto; y el que se considera más vil que todos, y se juzga más indigno, es más apto para recibir cosas mayores.

3. Pero el que ha recibido menos dones, no debe abatirse, ni tomarlo a mal, ni envidiar al que es más rico; sino que más bien debe mirarte a Ti, y exaltar grandemente Tu bondad, porque Tú derramas Tus dones tan ricamente, tan libre y generosamente, sin acepción de personas. Todas las cosas vienen de Ti; por tanto, en todas las cosas serás alabado. Tú sabes lo que es mejor dar a cada uno; y por qué este hombre tiene menos y aquel más, no nos corresponde a nosotros sino a Ti entenderlo, porque para Ti los merecimientos de cada hombre son plenamente conocidos.

4. Por lo cual, oh Señor Dios, considero incluso un gran beneficio no tener muchas cosas, de donde puedan aparecer la alabanza y la gloria exteriormente y según el pensamiento de los hombres. Porque así es que quien considera su propia pobreza y vileza, no solo no debe sacar de ello ninguna pena o tristeza, o pesadumbre de espíritu, sino más bien consuelo y alegría; porque Tú, Señor, has escogido a los pobres y humildes, y a los que son pobres en este mundo, para ser Tus amigos y conocidos. Así dan testimonio todos Tus apóstoles, a quienes has hecho príncipes en todas las tierras. Sin embargo, llevaron su vida en este mundo sin tacha, tan humildes y mansos, sin malicia ni engaño, que incluso se regocijaron de sufrir oprobios por Tu Nombre(**1**), y las cosas que el mundo odia, las abrazaron con gran alegría.

5. Por lo tanto, nada debe alegrar tanto al que te ama y conoce Tus beneficios, como Tu voluntad en él, y el beneplácito de Tu eterna Providencia, con lo cual debe estar tan contento y consolado, que tan gustosamente sería el más pequeño como cualquier otro sería el más grande, tan pacífico y contento en el lugar más bajo como en el más alto, y tan gustosamente tenido por poca y baja cuenta y sin nombre ni reputación como ser más honorable y grande en el mundo que otros. Porque Tu voluntad y el amor de Tu honor deben preceder a todas las cosas, y agradarle y consolarle más que todos los beneficios que se le dan o se le puedan dar.

(**1**) Hechos v. **41**.

CAPÍTULO XXIII: De cuatro cosas que traen gran paz

–Hijo Mío, ahora te enseñaré el camino de la paz y de la verdadera libertad.

2. Hazlo, Señor mío, como dices, porque me es grato oírlo.

3. –Esfuérzate, Hijo Mío, en hacer la voluntad de otro antes que la tuya. Elige siempre tener menos en lugar de más. Busca siempre el último lugar, y estar sujeto a todos. Desea siempre y ruega que la voluntad de Dios se cumpla en ti. He aquí que un hombre así entra en la herencia de la paz y la quietud.

4. Oh, mi Señor, este Tu breve discurso contiene en sí mucha perfección. Es corto en palabras pero lleno de significado, y abundante en fruto. Porque si fuera posible que yo lo guardara plenamente, la turbación no surgiría tan fácilmente dentro de mí. Pues tan a menudo como me siento inquieto y agobiado, encuentro que me he apartado de esta enseñanza. Pero Tú, que eres Todopoderoso, y siempre amas el progreso en el alma, dígnate darme más gracia, para que pueda cumplir Tu exhortación y obrar mi salvación.

ORACIÓN CONTRA LOS MALOS PENSAMIENTOS

5. ¡Oh, Señor, Dios mío, no te alejes de mí; Dios mío, apresúrate a ayudarme!(**1**), porque muchos pensamientos y grandes temores se han levantado contra mí, afligiendo mi alma. ¿Cómo pasaré a través de ellos ileso? ¿Cómo los romperé?

6. –Yo –dice Él–, iré delante de ti y enderezaré los lugares torcidos(**2**). Abriré las puertas de la prisión y te revelaré los lugares secretos.

7. Haz, Señor, como dices; y que todos los malos pensamientos huyan ante Tu rostro. Esta es mi esperanza y mi único consuelo, huir a Ti en toda tribulación, esperar en Ti, invocarte desde mi corazón y esperar pacientemente Tu bondad amorosa.

8. Ilumíname, Bendito Jesús, con el resplandor de Tu luz interior, y expulsa toda oscuridad de la morada de mi corazón. Refrena mis muchos pensamientos errantes, y llévate las tentaciones que se esfuerzan por hacerme daño. Lucha Tú poderosamente por mí, y expulsa a las bestias malignas –así llamo a las concupiscencias seductoras– para que haya paz dentro de Tus muros y abundancia de alabanza en Tus palacios(**3**), es decir, en mi conciencia pura. Manda a los vientos y a las tempestades, di al mar: «Calla», di al viento tempestuoso: «Cesa», y habrá una gran calma.

9. ¡Oh, envía Tu luz y Tu verdad(**4**), para que brillen sobre la tierra! Porque no soy más que tierra informe y vacía hasta que Tú me des luz. Derrama Tu gracia desde lo alto; riega mi corazón con el rocío del cielo; da las aguas de la devoción para regar la faz de la tierra, y haz que produzca fruto bueno y perfecto. Levanta mi mente que está oprimida por el peso de los pecados, y eleva todo mi deseo a las cosas celestiales; para que, habiendo gustado la dulzura de la felicidad que viene de lo alto, no encuentre placer en pensar en las cosas de la tierra.

10. Atráeme y líbrame de todo consuelo inestable de las criaturas, porque ninguna cosa creada puede satisfacer mi deseo y darme consuelo. Úneme a Ti por el lazo inseparable del amor, porque solo Tú eres suficiente para el que te ama, y sin Ti todas las cosas son juguetes vanos.

(**1**) Salmo lxxi. **12**. (**2**) Isaías xlv. **2**. (**3**) Salmo cxxii. **7**. (**4**) Salmo xliii. **3**.

CAPÍTULO XXIV: De evitar la investigación curiosa sobre la vida de otro

–Hijo Mío, no seas curioso, ni te preocupes con vanos afanes. «¿Qué te importa a ti? Tú sígueme»(**1**). Porque, ¿qué te importa si un hombre es esto o aquello, o dice o hace así o asá? No tienes necesidad de responder por otros, pero debes dar cuenta de ti mismo. ¿Por qué, pues, te enredas? He aquí, Yo conozco a todos los hombres, y contemplo todas las cosas que se hacen bajo el sol; y sé cómo está cada uno, qué piensa, qué quiere, y a qué fin llegan sus pensamientos. Todas las cosas, por tanto, han de ser encomendadas a Mí; vigílate a ti mismo en paz piadosa, y deja al que está inquieto que esté inquieto como quiera. Lo que sea que haga o diga, vendrá sobre él, porque no puede engañarme.

2. –No te preocupes por la sombra de un gran nombre, ni por la amistad de muchos, ni por el amor de los hombres hacia ti. Porque estas cosas engendran distracción y grandes penas de corazón. Mi palabra debería hablarte libremente, y te revelaría secretos, si tan solo buscaras diligentemente Mi venida, y me abrieras las puertas de tu corazón. Sé sobrio y vela en oración(**2**), y humíllate en todas las cosas.

(**1**) Juan xxi. **22**. (**2**) **1** Pedro iv. **7**.

CAPÍTULO XXV: En qué consisten la firme paz del corazón y el verdadero provecho

–Hijo Mío, Yo he dicho: «La paz os dejo, mi paz os doy; no como el mundo la da, yo os la doy»(1). Todos los hombres desean la paz, pero no todos se preocupan por las cosas que pertenecen a la verdadera paz. Mi paz está con los humildes y mansos de corazón. Tu paz estará en mucha paciencia. Si me oyeras y siguieras Mi voz, gozarías de mucha paz.

2. ¿Qué haré entonces, Señor?

3. –En todo, presta atención a ti mismo, a lo que haces y a lo que dices; y dirige todo tu propósito a esto: que me agrades solo a Mí, y no desees ni busques nada aparte de Mí. Pero, además, no juzgues nada temerariamente acerca de las palabras o hechos de otros, ni te entrometas en asuntos que no te han sido encomendados; y puede ser que seas perturbado poco o raramente. Sin embargo, no sentir nunca ninguna inquietud, ni sufrir ningún dolor de corazón o de cuerpo, esto no pertenece a la vida presente, sino que es el estado de descanso eterno. Por tanto, no te consideres haber encontrado la verdadera paz si no has sentido ningún pesar; ni que entonces todo está bien si no tienes ningún adversario; ni que esto es perfecto si todas las cosas resultan según tu deseo. Ni tampoco te consideres entonces algo grande, ni pienses que eres especialmente amado, si te encuentras en un estado de gran fervor y dulzura de espíritu; porque no por estas cosas se conoce al verdadero amante de la virtud, ni en ellas consiste el provecho y la perfección del hombre.

4. ¿En qué entonces, Señor?

5. –En ofrecerte con todo tu corazón a la Divina Voluntad, en no buscar las cosas que son tuyas, ya sean grandes o pequeñas, temporales o eternas; de modo que permanezcas con el mismo semblante firme en la acción de gracias entre la prosperidad y la adversidad, pesando todas las cosas en una balanza igual. Si eres tan valiente y longánime en la esperanza que, cuando el consuelo interior te es quitado, incluso preparas tu corazón para una mayor resistencia, y no te justificas a ti mismo, como si no debieras sufrir estas cosas pesadas, sino que me justificas en todas las cosas que dispongo, y bendices Mi Santo Nombre, entonces caminas en el verdadero y recto camino de la paz, y tendrás una esperanza segura de que volverás a ver Mi rostro con alegría. Porque si llegas a un desprecio total de ti mismo, sabe que entonces gozarás de abundancia de paz, tanta como es posible donde no eres más que un peregrino.

(1) Juan xiv. 27.

CAPÍTULO XXVI: De la exaltación de un espíritu libre, que más merece la humilde oración que la lectura frecuente

Señor, esta es la obra de un hombre perfecto: nunca relajar la mente de la atención a las cosas celestiales, y entre muchos cuidados pasar como si no tuviera cuidado, no a la manera de uno indiferente, sino más bien con el privilegio de una mente libre, sin apegarse a ninguna criatura con afecto desordenado.

2. Te suplico, mi misericordiosísimo Señor Dios, presérvame de los cuidados de esta

vida, para que no me enrede demasiado; de muchas necesidades del cuerpo, para que no sea cautivado por el placer; de todos los obstáculos del espíritu, para que no sea quebrantado y abatido por las preocupaciones. No digo de aquellas cosas que la vanidad del mundo persigue con todo afán, sino de aquellas miserias que, por la maldición universal de la mortalidad, abruman y retienen el alma de tu siervo en castigo, de modo que no puede entrar en la libertad del espíritu, tan a menudo como quisiera.

3. ¡Oh mi Dios, dulzura inefable, convierte en amargura toda mi consolación carnal, que me aparta del amor de las cosas eternas, y me atrae perversamente hacia sí misma presentándome algún deleite presente! No permitas, oh Dios mío, que la carne y la sangre prevalezcan sobre mí, no permitas que el mundo y su breve gloria me engañen, no permitas que el diablo y su astucia me suplanten. Dame valor para resistir, paciencia para soportar, constancia para perseverar. Concede, en lugar de todas las consolaciones del mundo, la dulcísima unción de Tu Espíritu, y en lugar del amor carnal, infunde en mí el amor de Tu Nombre.

4. He aquí, la comida, la bebida y la ropa, y todas las demás necesidades relativas al sustento del cuerpo, son gravosas para el espíritu devoto. Concédeme usar tales cosas con moderación, y que no me enrede con un afecto desordenado por ellas. Desechar todas estas cosas no es lícito, porque la naturaleza debe ser sustentada, pero requerir superfluidades y cosas que meramente proporcionan deleite, la santa ley lo prohíbe; porque de lo contrario la carne se volvería insolente contra el espíritu. En todas estas cosas, te suplico, que tu mano me guíe y me enseñe, para que de ninguna manera me exceda.

CAPÍTULO XXVII

Que el amor propio impide grandemente el sumo bien

–Hijo Mío, debes darlo todo por el todo, y no ser nada por tu cuenta. Sabe que el amor de ti mismo es más perjudicial para ti que cualquier cosa en el mundo. Según el amor y la inclinación que tengas, todo se te apega más o menos. Si tu amor es puro, sincero, bien regulado, no estarás en cautiverio de nada. No codicies lo que no puedes tener; no tengas lo que pueda obstaculizarte y robarte la libertad interior. Es maravilloso que no te encomiendes a Mí desde lo más profundo de tu corazón, con todas las cosas que puedas desear o tener.

2. –¿Por qué te consumes con vano dolor? ¿Por qué te fatigas con cuidados superfluos? Mantente en Mi beneplácito, y no sufrirás ninguna pérdida. Si buscas esto o aquello, y quieres estar aquí o allá, según tu propia ventaja o el cumplimiento de tu propio placer, nunca estarás en quietud, ni libre de cuidado, porque en todo se encontrará algo que falta, y en todas partes habrá alguien que se te oponga.

3. –Por tanto, no es ganar o multiplicar esto o aquello lo que te aprovecha, sino más bien despreciarlo y cortarlo de raíz de tu corazón; lo cual no solo debes entender del dinero y las riquezas, sino del deseo de honor y vana alabanza, cosas que todas pasan con el mundo. El lugar poco vale si falta el espíritu de devoción; ni durará mucho esa paz que se busca desde fuera, si el estado de tu corazón carece del verdadero fundamento, es decir, si no permanece en Mí. Puedes cambiar, pero no puedes mejorar; porque cuando surja la ocasión y sea aceptada, encontrarás lo que huiste, y aún más.

ORACIÓN POR LA PURIFICACIÓN DEL CORAZÓN Y POR LA SABIDURÍA CELESTIAL

4. Fortaléceme, oh Dios, por la gracia de Tu Santo Espíritu. Dame virtud para ser fortalecido con poder en el hombre interior, y para liberar mi corazón de todo cuidado y afán infructuoso, y que no sea yo arrastrado por diversos deseos tras cualesquiera cosas, ya sean de poco o mucho valor, sino que pueda mirar todas las cosas como pasajeras, y a mí mismo como pasajero con ellas; porque «no hay provecho bajo el sol, y todo es vanidad y aflicción de espíritu»(**1**). ¡Oh, cuán sabio es el que así considera!

5. Dame, oh Señor, sabiduría celestial, para que aprenda a buscarte por encima de todas las cosas y a encontrarte; a gustarte por encima de todas las cosas y a amarte; y a entender todas las demás cosas, tal como son, según el orden de Tu sabiduría. Concédeme evitar prudentemente al adulador, y soportar pacientemente al que se me opone; porque esto es gran sabiduría, no ser llevado por todo viento de palabras, ni dar oído a la malvada sirena aduladora; porque así avanzamos con seguridad en el camino que hemos comenzado.

(**1**) Eclesiastés ii. **11**.

CAPÍTULO XXVIII: Contra las lenguas de los detractores

–Hijo Mío, no te aflijas en tu corazón, si algunos piensan mal de ti, y dicen de ti lo que no quieres oír. Deberías pensar peor de ti mismo, y no creer a ningún hombre más débil que tú. Si caminas interiormente, no sopesarás las palabras volanderas por encima de su valor. No es poca prudencia guardar silencio en un mal momento y volverse interiormente a Mí, y no ser turbado por el juicio humano.

2. –No dejes que tu paz dependa de la palabra de los hombres; porque ya sea que juzguen bien o mal de ti, no por eso eres otro hombre que tú mismo. ¿Dónde está la verdadera paz o la verdadera gloria? ¿No está en Mí? Y el que no busca agradar a los hombres, ni teme desagradar, gozará de abundante paz. Del amor desordenado y del vano temor surge toda inquietud de corazón, y toda distracción de los sentidos.

CAPÍTULO XXIX: Cómo en la tribulación debemos invocar y bendecir a Dios

¡Bendito sea tu nombre, oh Señor, por siempre, que has querido que esta tentación y este problema vinieran sobre mí! No puedo escapar de ello, sino que necesito huir a Ti, para que me socorras y lo conviertas para mi bien. Señor, ahora estoy en tribulación, y no está bien dentro de mi corazón, sino que estoy muy afligido por el sufrimiento que yace sobre mí. Y ahora, oh Padre querido, ¿qué diré? Estoy atrapado entre las redes. «Sálvame de esta hora. Pero para esto he llegado a esta hora»(**1**), para que Tú seas glorificado cuando yo sea profundamente humillado y sea liberado por Ti. «Que te plazca librarme»(**2**); porque ¿qué puedo hacer yo, que soy pobre, y sin Ti a dónde iré? Da paciencia también esta vez. Ayúdame, oh Señor mi Dios, y no temeré por mucho que sea agobiado.

2. Y ahora, en medio de estas cosas, ¿qué diré? Señor, hágase Tu voluntad. Bien he merecido ser atribulado y agobiado. Por tanto, debo soportar, ¡ojalá sea con paciencia!, hasta que la tempestad pase y vuelva el consuelo. Sin embargo, Tu brazo omnipotente también es capaz de quitarme esta tentación, y de disminuir su poder para que no caiga del todo bajo ella, así como muchas veces pasadas me has ayudado, oh Dios, mi Dios misericordioso. Y cuanto esta liberación es difícil para mí, tanto te es fácil a Ti, oh diestra del Altísimo.

(**1**) Juan xii. **27**. (**2**) Salmo xl. **13**.

CAPÍTULO XXX: De la búsqueda de la ayuda divina y la confianza en obtener la gracia

—Hijo Mío, Yo, el Señor, soy «fortaleza en el día de la angustia»(**1**). Ven a Mí, cuando no estés bien.

—Esto es lo que principalmente impide la consolación celestial: que demasiado lentamente te entregas a la oración. Porque antes de buscarme seriamente, primero buscas muchos medios de consuelo, y te refrescas en cosas externas; así sucede que todo te aprovecha poco hasta que aprendes que soy Yo quien libra a los que en Mí confían; y que aparte de Mí no hay ayuda fuerte, ni consejo provechoso, ni remedio duradero. Pero ahora, recuperando el valor después de la tempestad, fortalécete en la luz de Mis misericordias, porque estoy cerca, dice el Señor, para restaurar todas las cosas no solo como eran al principio, sino también abundantemente y una sobre otra.

2. —¿Hay algo demasiado difícil para Mí, o seré Yo como quien dice y no hace? ¿Dónde está tu fe? Mantente firme y con perseverancia. Sé longánime y fuerte. La consolación llegará a ti en su debido tiempo. Espérame; sí, espera; vendré y te sanaré. Es la tentación lo que te aflige, y un vano temor lo que te aterroriza. ¿Qué te trae la preocupación por los acontecimientos futuros, sino dolor sobre dolor? «Bástale a cada día su propio mal»(**2**). Es vano e inútil perturbarse o enaltecerse por cosas futuras que quizás nunca llegarán.

3. —Pero es propio de la naturaleza del hombre ser engañado por fantasías de este tipo, y es señal de una mente aún débil ser tan fácilmente arrastrada por la sugestión del enemigo. Porque a él no le importa si engaña y embauca con medios verdaderos o falsos; si te derriba por el amor del presente o por el temor del futuro. Por tanto, «no se turbe tu corazón, ni tenga miedo». «Creed en Mí, y confiad en Mi misericordia»(**3**). Cuando te crees muy alejado de Mí, a menudo estoy más cerca. Cuando consideras que casi todo está perdido, entonces a menudo hay mayor oportunidad de ganancia a la mano. No todo está perdido cuando algo va en contra de tus deseos. No debes juzgar según el sentimiento presente, ni tomar o ceder a cualquier pena que te sobrevenga, como si toda esperanza de escape estuviera quitada.

4. —No te creas totalmente abandonado, aunque por un tiempo te haya enviado alguna tribulación, o incluso te haya retirado alguna consolación anhelada; porque este es el camino al Reino de los Cielos. Y sin duda es mejor para ti y para todos Mis otros siervos, que seáis probados por adversidades, a que tengáis todas las cosas como quisierais. Conozco tus pensamientos ocultos; y que es muy necesario para la salud de tu alma que a veces te quedes sin gusto, no sea que quizás te enorgullezcas por la prosperidad, y desees complacerte en lo que no eres. Lo que he dado, puedo quitarlo, y restaurarlo de nuevo a Mi beneplácito.

5. —Cuando haya dado, es Mío; cuando haya quitado, no he quitado lo que es tuyo; porque «toda buena dádiva y todo don perfecto»(**4**) es de Mí. Si he enviado sobre ti pena o cualquier vejación, no te enojes, ni se entristezca tu corazón; puedo levantarte rápidamente y cambiar toda carga en alegría. Pero soy justo y digno de gran alabanza, cuando hago así contigo.

6. —Si consideras rectamente, y lo miras con verdad, nunca deberías estar tan tristemente abatido por la adversidad, sino que más bien deberías regocijarte y dar gracias; sí, en verdad contar como la mayor alegría que te aflija con penas y no te perdone. «Como el Padre me ha amado, así os he amado yo»(**5**); así he hablado a Mis amados discípulos: a quienes envié no a alegrías mundanas, sino a grandes luchas; no a honores, sino a desprecio; no a la comodidad, sino a trabajos; no al descanso, sino a dar mucho fruto con paciencia. Hijo Mío, recuerda estas palabras.

(**1**) Nahúm i. **7**. (**2**) Mateo vi. **34**. (**3**) Juan xiv. **27**; Salmo xiii. **5**. (**4**) Santiago i. **17**. (**5**) Juan xv. **9**.

CAPÍTULO XXXI: Del abandono de toda criatura, para que el Creador pueda ser hallado

Oh Señor, todavía necesito más gracia, si he de llegar donde ni el hombre ni ninguna otra criatura puedan obstaculizarme. Porque mientras algo me retenga, no puedo volar libremente hacia Ti. Deseaba ardientemente volar así, quien clamó diciendo: «¡Oh, si tuviera alas como de paloma! Volaría y estaría en reposo». ¿Qué hay más pacífico que el ojo sencillo? ¿Y qué más libre que el que no desea nada sobre la tierra? Por tanto, un hombre debe elevarse por encima de toda criatura, y abandonarse perfectamente a sí mismo, y con la mente abstraída permanecer y contemplar que Tú, el Creador de todas las cosas, no tienes entre Tus criaturas nada semejante a Ti. Y a menos que un hombre se libere de todas las criaturas, no podrá aspirar libremente a las cosas divinas. Por eso se encuentran pocos que se entreguen a la contemplación, porque pocos saben separarse enteramente de las cosas perecederas y creadas.

2. Para esto se necesita mucha gracia, que pueda levantar el alma y elevarla por encima de sí misma. Y a menos que un hombre sea elevado en el espíritu, y liberado de todas las criaturas, y enteramente unido a Dios, cualquier cosa que sepa, cualquier cosa que incluso tenga, importa muy poco. El que estima algo grande salvo el único, incomprensible, eterno y buen Dios, permanecerá por mucho tiempo pequeño y postrado. Porque todo lo que no es Dios es nada, y debe ser tenido por nada. Grande es la diferencia entre un hombre piadoso, iluminado con sabiduría, y un erudito docto en conocimiento y entregado a los libros. Mucho más noble es aquella doctrina que fluye de la plenitud divina de lo alto, que la que se adquiere laboriosamente por el estudio humano.

3. Se encuentran muchos que desean la contemplación, pero no se esfuerzan por practicar las cosas que para ello se requieren. También es un gran impedimento que se dé mucha importancia a los símbolos y signos externos, y muy poca a la mortificación completa. No sé cómo es, ni por qué espíritu somos guiados, ni a qué aspiramos los que queremos ser considerados espirituales, que dedicamos tanto trabajo y tan ávida solicitud a cosas transitorias e inútiles, y apenas alguna vez recogemos nuestros sentidos para pensar en absoluto en nuestra condición interior.

4. ¡Ay de mí! Inmediatamente después de un poco de recogimiento, nos precipitamos afuera, y no sometemos nuestras acciones a un examen estricto. No prestamos atención a dónde están puestos nuestros afectos, y no lloramos porque todas las cosas que nos pertenecen están tan manchadas. Porque como toda carne se había corrompido sobre la tierra, vino el gran diluvio. Puesto que, por tanto, nuestros afectos más íntimos están muy corruptos, se sigue por necesidad que nuestras acciones también están corruptas, siendo el índice de una fuerza interior deficiente. De un corazón puro procede el fruto de una buena vida.

5. Preguntamos cuánto ha hecho un hombre; pero con cuánta virtud actuó, no se considera tan detenidamente. Preguntamos si es fuerte, rico, guapo, inteligente, si es un buen escritor, buen cantante, buen trabajador; pero cuán pobre pueda ser en espíritu, cuán paciente y manso, cuán devoto y meditativo, sobre estas cosas muchos callan. La naturaleza mira la apariencia exterior de un hombre, la gracia vuelve su pensamiento al corazón. La primera juzga frecuentemente mal; la segunda confía en Dios, para no ser engañada.

CAPÍTULO XXXII: De la abnegación y del desecho de todo egoísmo

—Hijo Mío, no puedes poseer la libertad perfecta a menos que te niegues a ti mismo por completo. Todos son esclavos los que son poseedores de riquezas, los que se aman a sí mismos, los egoístas, los curiosos, los inquietos; los que siempre buscan cosas suaves, y no las cosas de Jesucristo; los que continuamente planean e idean lo que no permanecerá. Porque todo lo que no viene de Dios perecerá. Retén el dicho breve y completo: «Renuncia a todas las cosas, y encontrarás todas las cosas; abandona tu codicia, y encontrarás descanso». Medita esto en tu mente, y cuando estés lleno de ello, entenderás todas las cosas.

2. Oh Señor, esta no es obra de un día, ni juego de niños; en verdad, en este breve dicho se encierra toda la perfección de los religiosos.

3. —Hijo mío, no debes desviarte, ni abatirte inmediatamente, porque has oído el camino de los perfectos. Más bien deberías ser provocado a metas más altas, y al menos anhelar el deseo de ellas. ¡Oh, si así fuera contigo, y si hubieras llegado a esto, a no ser amante de ti mismo, sino a estar siempre dispuesto a Mi seña, y a la de aquel a quien he puesto sobre ti como tu padre! Entonces me agradarías sobremanera, y toda tu vida transcurriría en alegría y paz. Todavía tienes muchas cosas que renunciar, que si no me las entregas por completo, no obtendrás lo que buscas. Te aconsejo que me compres «oro probado en el fuego, para que te enriquezcas»(**1**), es decir, la sabiduría celestial, que desprecia todas las cosas viles. Aparta de ti la sabiduría terrenal, y todo placer, ya sea común a los hombres, o el tuyo propio.

4. –Te digo que debes comprar cosas viles con aquellas que son costosas y grandes en la estima de los hombres. Porque maravillosamente vil y pequeña, y casi entregada al olvido, parece la verdadera sabiduría celestial, que no piensa cosas altas de sí misma, ni busca ser engrandecida sobre la tierra; muchos la honran con sus labios, pero de corazón están lejos de ella; es, en verdad, la perla preciosa, que está oculta para muchos.

(**1**) Apocalipsis iii. **18**.

CAPÍTULO XXXIII: De la inestabilidad del corazón y de dirigir la intención hacia Dios

–Hijo Mío, no confíes en tu sentimiento, porque lo que es ahora, rápidamente se cambiará en otra cosa. Mientras vivas, estás sujeto al cambio, por muy a tu pesar que sea; de modo que te encuentras ahora alegre, ahora triste; ahora en paz, ahora inquieto; ahora devoto, ahora sin devoción; ahora estudioso, ahora descuidado; ahora triste, ahora alegre. Pero el hombre sabio, y el que está verdaderamente instruido en el espíritu, se mantiene por encima de estas cosas cambiantes, atento no a lo que pueda sentir en sí mismo, o desde qué dirección sople el viento, sino a que toda la intención de su mente lo lleve al debido y muy deseado fin. Porque así podrá permanecer uno e idéntico e inquebrantable, con el ojo único de su deseo firmemente fijo, a través de los múltiples cambios del mundo, en Mí.

2. –Pero según sea más puro el ojo de la intención, así un hombre se abrirá camino firmemente a través de las múltiples tormentas. Pero en muchos, el ojo de la pura intención se oscurece; porque rápidamente se posa sobre cualquier cosa agradable que ocurre, y raramente se encuentra a un hombre completamente libre de la mancha del egoísmo. Así los judíos de antaño vinieron a Betania, a la casa de Marta y María, no para ver a Jesús, sino a Lázaro, a quien había resucitado de entre los muertos(**1**). Por tanto, el ojo de la intención debe ser limpiado, para que sea único y recto, y por encima de todas las cosas que se crucen en su camino, sea dirigido a Mí.

(**1**) Juan xii. **9**.

CAPÍTULO XXXIV: Que para quien ama, Dios es dulce por encima de todas las cosas y en todas las cosas

¡He aquí, Dios es mío, y todas las cosas son mías! ¡Qué más querré, y qué cosa más feliz puedo desear? ¡Oh mundo deleitoso y dulce! Es decir, para el que ama al Verbo, no al mundo, ni las cosas que están en el mundo(**1**). ¡Mi Dios, mi todo! Al que entiende, esa palabra le basta, y repetirla a menudo es agradable para el que la ama. Cuando Tú estás presente, todas las cosas son placenteras; cuando estás ausente, todas las cosas son tediosas. Tú haces que el corazón descanse, le das paz profunda y alegría festiva. Tú haces que piense rectamente en todo asunto, y en todo asunto te dé alabanza; ni puede nada agradar por mucho tiempo sin Ti, mas si quisiera ser placentero y de dulce sabor, Tu gracia debe estar allí, y es Tu sabiduría la que debe darle un dulce sabor.

2. Al que te gusta, ¿qué puede serle desagradable? Y al que no te gusta, ¿qué hay que pueda alegrarle? Pero los sabios según el mundo, y los que gozan de la carne, fallan en Tu sabiduría; porque en la sabiduría del mundo se encuentra la vanidad absoluta, y pensar carnalmente es la muerte. Pero los que te siguen a través del desprecio de las cosas del mundo y la mortificación de la carne, se descubre que son verdaderamente sabios, porque son llevados de la vanidad a la verdad, de la carne al espíritu. Gustan que el Señor es bueno, y cualquier bien que encuentran en las criaturas, lo atribuyen todo a la alabanza del Creador. Desemejante, sí, muy desemejante es el goce del Creador al goce de la Criatura, el goce de la eternidad y del tiempo, de la luz increada y de la luz reflejada.

3. ¡Oh Luz eterna, que sobrepasas todas las luces creadas, lanza desde lo alto Tu rayo que penetre las profundidades más íntimas de mi corazón! Da pureza, alegría, claridad, vida a mi espíritu, para que con todas sus potencias se adhiera a Ti con un arrebato que sobrepasa el entendimiento del hombre. ¡Oh, cuándo llegará ese tiempo bendito y anhelado en que me saciarás con Tu presencia, y serás para mí Todo en todo? Mientras esto se retrase, mi alegría no será plena. Todavía, ¡ay de mí!, el hombre viejo vive en mí; aún no está todo crucificado, aún no está del todo muerto; todavía codicia fieramente contra el espíritu, libra guerras interiores, ni permite que el reino del alma esté en paz.

4. Pero Tú, que gobiernas la furia del mar, y calmas sus olas cuando se levantan, levántate y ayúdame. «Dispersa a los pueblos que se complacen en la guerra»(**2**). Destrúyelos con Tu poder. Muestra, te suplico, Tu poder, y que Tu diestra sea glorificada, porque no tengo esperanza, ni refugio, salvo en Ti, oh Señor mi Dios.

(**1**) **1** Juan ii. **15**. (**2**) Salmo lxviii. **30**.

CAPÍTULO XXXV: Que no hay seguridad contra la tentación en esta vida

—Hijo Mío, nunca estás seguro en esta vida, sino que tu armadura espiritual siempre te será necesaria mientras vivas. Habitas entre enemigos, y eres atacado por la derecha y por la izquierda. Si, por tanto, no usas por todos lados el escudo de la paciencia, no permanecerás mucho tiempo sin heridas. Sobre todo, si no mantienes tu corazón fijo en Mí con el firme propósito de soportar todas las cosas por Mi causa, no podrás soportar la ferocidad del ataque, ni alcanzar la victoria de los bienaventurados. Por tanto, debes luchar valientemente toda tu vida, y oponer mano fuerte a las cosas que se te oponen. Porque «al que venciere, se le dará el maná escondido»(**1**), pero gran miseria está reservada para el perezoso.

2. —Si buscas descanso en esta vida, ¿cómo, pues, alcanzarás el descanso eterno? No te propongas alcanzar mucho descanso, sino mucha paciencia. Busca la verdadera paz, no en la tierra sino en el cielo, no en el hombre ni en ninguna cosa creada, sino solo en Dios. Por amor a Dios debes soportar voluntariamente todas las cosas, ya sean trabajos o penas, tentaciones, vejaciones, ansiedades, necesidades, enfermedades, injurias, contradicciones, reproches, humillaciones, confusiones, correcciones, desprecios; estas cosas ayudan a la virtud, estas cosas prueban al discípulo de Cristo; estas cosas forjan la corona celestial. Te daré una recompensa eterna por un trabajo breve, y una gloria infinita por una vergüenza pasajera.

3. —¿Crees que siempre tendrás consolaciones espirituales a tu voluntad? Mis Santos nunca las tuvieron, sino en su lugar múltiples penas, y diversas tentaciones, y pesadas desolaciones. Pero pacientemente se comportaron en todo, y confiaron en Dios más que en sí mismos, sabiendo que «los padecimientos del tiempo presente no son dignos de ser comparados con la gloria que en nosotros ha de manifestarse»(2). ¿Querrías tener inmediatamente lo que muchos apenas han alcanzado después de muchas lágrimas y duros trabajos? «Espera en el Señor, compórtate varonilmente y sé fuerte»; no desmayes, ni te apartes de Mí, sino consagra constantemente tu cuerpo y tu alma a la gloria de Dios. Te recompensaré abundantemente, «contigo estaré en la angustia»(3).

(1) Apocalipsis ii. 17. (2) Romanos viii. 18. (3) Salmo xci. 15.

CAPÍTULO XXXVI: Contra los vanos juicios de los hombres

—Hijo Mío, ancla firmemente tu alma en Dios, y no temas el juicio del hombre, cuando la conciencia te declara piadoso e inocente. Es bueno y bienaventurado sufrir así; y no será penoso para el corazón humilde, que confía en Dios más que en sí mismo. Muchos hombres tienen muchas opiniones, y por tanto, poca confianza se debe poner en ellos. Pero además, es imposible agradar a todos. Aunque Pablo se esforzó por agradar a todos en el Señor, y por «hacerse todo a todos»(1), sin embargo, para él era «muy poca cosa el ser juzgado por juicio humano»(2).

2. —Él trabajó abundantemente, tanto como pudo, para la edificación y la salvación de los demás; pero no pudo evitar ser a veces juzgado y despreciado por otros. Por tanto, todo lo encomendó a Dios, que todo lo sabía, y con paciencia y humildad se defendió de los maledicentes, o de los pensadores necios y falsos, y de los que lo acusaban a su antojo. Sin embargo, de vez en cuando respondía, para que su silencio no se convirtiera en un tropiezo para los débiles.

3. —¿Quién eres tú, para que temas a un hombre que ha de morir? Hoy es, y mañana no se encuentra su lugar. Teme a Dios y no temblarás ante los terrores de los hombres. ¿Qué puede hacerte un hombre con palabras o hechos? Se hiere más a sí mismo que a ti, y no escapará al juicio de Dios, quienquiera que sea. Ten a Dios ante tus ojos, y no contiendas con palabras irritables. Y si por el momento pareces ceder, y sufrir una confusión que no has merecido, no te enojes por esto, ni por impaciencia disminuyas tu recompensa; sino más bien mírame en el cielo, porque Yo puedo librarte de toda confusión y daño, y dar a cada uno según sus obras

(1) 1 Corintios ix. 22. (2) 1 Corintios iv. 3.

CAPÍTULO XXXVII: De la pura y entera resignación de sí mismo, para obtener la libertad de corazón

—Hijo Mío, piérdete a ti mismo y me encontrarás. Permanece sin elección alguna y sin pensamiento de ti mismo, y siempre saldrás ganando. Porque más gracia se te añadirá, tan pronto como te resignes, y mientras no te vuelvas atrás para tomarte de nuevo.

2. Oh Señor, ¿cuántas veces me resignaré, y en qué cosas me perderé?

3. –Siempre; a cada hora: en lo pequeño y en lo grande. No hago excepción, sino que quiero que te encuentres desnudo en todas las cosas. De lo contrario, ¿cómo puedes ser Mío y Yo tuyo, a menos que estés interior y exteriormente libre de toda voluntad propia? Cuanto antes hagas esto, mejor te irá; y cuanto más plena y sinceramente, más me agradarás, y más abundantemente serás recompensado.

4. –Algunos se resignan, pero con ciertas reservas, porque no confían plenamente en Dios, por lo que piensan que deben hacer alguna provisión para sí mismos. Otros, al principio, ofrecen todo; pero después, presionados por la tentación, vuelven a sus propios designios, y así no progresan en la virtud. No alcanzarán la verdadera libertad de un corazón puro, ni la gracia de Mi dulce compañía, a menos que primero se resignen por completo y se ofrezcan diariamente como un sacrificio; sin esto, la unión que produce fruto no se mantiene ni se mantendrá.

5. –Muchas veces te he dicho, y ahora digo de nuevo: entrégate, resígnate, y tendrás gran paz interior. Da todo por el todo; no exijas nada, no pidas nada a cambio; permanece simplemente y sin vacilación en Mí, y me poseerás. Tendrás libertad de corazón, y la oscuridad no te abrumará. Esfuérzate por esto, ora por ello, anhela esto, para que puedas ser liberado de toda posesión de ti mismo, y desnudo sigas a Jesús, que fue desnudado por ti; para que mueras a ti mismo y vivas eternamente para Mí. Entonces desaparecerán todas las fantasías vanas, todas las perturbaciones malignas y los cuidados superfluos. Entonces también se apartará de ti el temor desmedido, y morirá el amor desordenado.

CAPÍTULO XXXVIII: Del buen gobierno en las cosas externas, y del recurso a Dios en los peligros

–Hijo Mío, en esto debes esforzarte diligentemente: que en todo lugar y acción o ocupación externa puedas ser libre por dentro, y tener poder sobre ti mismo; y que todas las cosas estén bajo ti, no tú bajo ellas; que seas amo y señor de tus acciones, no un esclavo o un asalariado, sino más bien un hebreo libre y verdadero, entrando en la suerte y la libertad de los hijos de Dios, que están por encima del presente y miran lo eterno, que con el ojo izquierdo contemplan las cosas transitorias, y con el derecho las cosas celestiales; a quienes las cosas temporales no atraen para apegarse a ellas, sino que más bien atraen a las cosas temporales para que les presten un buen servicio, tal como fueron ordenadas por Dios para hacerlo, y designadas por el Maestro Artesano, que no ha dejado nada en Su creación sin propósito y fin.

2. –Y si en cualquier circunstancia de la vida no te detienes en las apariencias externas, ni juzgas las cosas que se ven y oyen por el sentido carnal, sino que inmediatamente en toda causa entras con Moisés en el tabernáculo para pedir consejo a Dios; oirás una respuesta divina y saldrás instruido sobre muchas cosas que son y serán. Porque siempre Moisés recurría al tabernáculo para resolver todas las dudas y cuestiones; y huía a la ayuda de la oración para ser librado de los peligros y malas acciones de los hombres. Así también debes tú huir a la cámara secreta de tu corazón, e implorar sinceramente el socorro divino. Por esta causa leemos que Josué y los hijos de Israel fueron engañados por los gabaonitas, porque «no pidieron consejo de boca del Señor»(**1**), sino que, estando demasiado dispuestos a escuchar bellas palabras, fueron engañados por una piedad fingida.

(**1**) Josué ix. **14**.

CAPÍTULO XXXIX: Que el hombre no debe sumergirse en los negocios

–Hijo Mío, encomiéndame siempre tu causa; Yo la dispondré rectamente a su debido tiempo. Espera Mi disposición, y entonces la encontrarás para tu provecho.

2. Oh Señor, con toda libertad te encomiendo todas las cosas; porque mi planificación poco puede aprovechar. ¡Oh, si no me detuviera tanto en los acontecimientos futuros, sino que pudiera ofrecerme por completo a Tus placeres sin demora!

3. –Hijo Mío, un hombre a menudo se esfuerza vehementemente por algo que desea; pero cuando lo ha obtenido, comienza a ser de otra opinión, porque sus afectos hacia ello no son duraderos, sino que más bien se precipitan de una cosa a otra. Por tanto, no es realmente una cosa pequeña, cuando en cosas pequeñas resistimos al yo.

4. El verdadero progreso del hombre radica en la abnegación, y un hombre que se niega a sí mismo es libre y seguro. Pero el antiguo enemigo, opositor de todas las cosas buenas, no cesa en la tentación; sino que día y noche tiende sus malvadas trampas, por si acaso puede atrapar al incauto. «Velad y orad», dice el Señor, «para que no entréis en tentación»(**1**).

(**1**) Mateo xxvi. **41**.

CAPÍTULO XL: Que el hombre no tiene ningún bien en sí mismo, y nada de qué gloriarse

«Señor, ¿qué es el hombre, para que tengas de él memoria, o el hijo del hombre, para que lo visites?»(**1**). ¿Qué ha merecido el hombre, para que le concedas tu favor? Señor, ¿qué causa puedo tener de queja, si me abandonas? ¿O qué puedo alegar justamente, si te niegas a escuchar mi petición? En verdad, esto puedo pensar y decir verdaderamente: Señor, no soy nada, no tengo nada bueno de mí mismo, sino que en todo me quedo corto, y siempre tiendo a la nada. Y a menos que sea ayudado por Ti e interiormente sostenido, me vuelvo completamente tibio e indiferente.

2. Pero Tú, oh Señor, eres siempre el mismo, y permaneces para siempre, siempre bueno, justo y santo; haciendo todas las cosas bien, justamente y santamente, y disponiéndolo todo en Tu sabiduría. Pero yo, que estoy más dispuesto a avanzar que a retroceder, nunca permanezco en un mismo estado, porque cambios séptuples pasan sobre mí. Sin embargo, rápidamente mejora cuando así te place, y extiendes Tu mano para ayudarme; porque solo Tú puedes ayudar sin auxilio de hombre, y puedes fortalecerme de tal manera que mi semblante no cambie más, sino que mi corazón se vuelva a Ti, y descanse solo en Ti.

3. Por lo cual, si supiera bien cómo rechazar todas las consolaciones humanas, ya sea por obtener la devoción, o por la necesidad que me obligaba a buscarte, viendo que no hay hombre que pueda consolarme; entonces podría confiar dignamente en Tu gracia, y regocijarme en el don de una nueva consolación.

4. ¡Gracias a Ti, de quien todo viene, siempre que me va bien! Pero yo soy vanidad y nada a Tu vista, un hombre inconstante y débil. ¿De qué, pues, tengo de qué gloriarme, o por qué anhelo ser tenido en honor? ¿No es por nada? Esto también es completamente vano. En verdad, la vanagloria es una plaga maligna, la mayor de las vanidades, porque nos aparta de la verdadera gloria, y nos roba la gracia celestial. Porque mientras un hombre se complace a sí mismo, te desagrada a Ti; mientras anhela las alabanzas del hombre, es privado de las verdaderas virtudes.

5. Pero la verdadera gloria y el santo regocijo radican en gloriarse en Ti y no en uno mismo; en regocijarse en Tu Nombre, no en nuestra propia virtud; en no deleitarse en ninguna criatura, salvo solo por Tu causa. Que Tu Nombre, no el mío, sea alabado; que Tu obra, no la mía, sea engrandecida; que Tu santo Nombre sea bendecido, pero a mí que no se me dé nada de las alabanzas de los hombres. Tú eres mi gloria, Tú eres la alegría de mi corazón. En Ti me jactaré y me alegraré todo el día, pero de mí mismo no me gloriaré sino solo en mis flaquezas(**2**).

6. Que los judíos busquen el honor que viene unos de otros; pero yo pediré el que viene solo de Dios(**3**). Verdaderamente toda gloria humana, todo honor temporal, toda exaltación mundana, comparada con Tu gloria eterna, no es sino vanidad y necedad. ¡Oh Dios, mi Verdad y mi Misericordia, Santísima Trinidad, a Ti solo sea toda alabanza, honor, poder y gloria por los siglos de los siglos! Amén.

(**1**) Salmo viii. **4**. (**2**) **2** Corintios xii. **5**. (**3**) Juan v. **44**.

CAPÍTULO XLI: Del desprecio de todo honor temporal

—Hijo Mío, no te preocupes si ves a otros honrados y exaltados, y a ti mismo despreciado y humillado. Levanta tu corazón hacia Mí en el cielo, y entonces el desprecio de los hombres en la tierra no te entristecerá.

2. Oh Señor, estamos en la ceguera, y somos rápidamente seducidos por la vanidad. Si me miro rectamente por dentro, nunca se me ha hecho injuria por ninguna criatura, y por tanto, no tengo de qué quejarme ante Ti. Pero como he pecado muchas veces y gravemente contra Ti, todas las criaturas toman justamente las armas contra mí. Por tanto, a mí me son debidas la confusión y el desprecio, pero a Ti la alabanza, el honor y la gloria. Y a menos que me disponga a esto, es decir, a estar dispuesto a que toda criatura me desprecie y me abandone, y a que sea estimado como absolutamente nada, no puedo ser interiormente llenado de paz y fuerza, ni espiritualmente iluminado, ni plenamente unido a Ti.

CAPÍTULO XLII: Que nuestra paz no ha de ser puesta en los hombres

—Hijo Mío, si pones tu paz en alguna persona porque tienes una alta opinión de ella y eres familiar con ella, serás inestable y enredado. Pero if you betake thyself to the ever-living and abiding Truth, the desertion or death of a friend shall not make thee sad. En Mí debe subsistir el amor de tu amigo, y por Mi causa debe ser amado todo aquel que te parezca bueno y te sea muy querido en esta vida. Sin Mí, la amistad no tiene fuerza ni resistencia, ni es verdadero y puro ese amor que Yo no uno. Debes estar tan muerto a tales afectos de amigos amados, que, en la medida de tus posibilidades, preferirías elegir estar sin ninguna compañía de hombres. Cuanto más se acerca un hombre a Dios, más se aleja de todo consuelo terrenal. Cuanto más profundamente desciende en sí mismo, y más vil parece a sus propios ojos, más alto asciende hacia Dios.

2. –Pero el que se atribuye algo bueno a sí mismo, impide que la gracia de Dios venga a él, porque la gracia del Espíritu Santo siempre busca el corazón humilde. Si pudieras hacerte completamente nada, y vaciarte del amor de toda criatura, entonces sería Mi parte desbordarme en ti con gran gracia. Cuando pones tus ojos en las criaturas, el rostro del Creador se retira de ti. Aprende en todas las cosas a vencerte a ti mismo por amor a tu Creador, entonces podrás alcanzar el conocimiento divino. Por pequeña que sea cualquier cosa, si es amada y considerada desordenadamente, nos retiene del sumo bien y corrompe.

CAPÍTULO XLIII: Contra el conocimiento vano y mundano

–Hijo Mío, no dejes que las bellas y sutiles palabras de los hombres te muevan. Porque «el reino de Dios no consiste en palabras, sino en poder»(**1**). Presta oído a Mis palabras, porque encienden el corazón e iluminan la mente, traen contrición y suministran múltiples consolaciones. Nunca leas la palabra para parecer más docto o sabio; sino estudia para la mortificación de tus pecados, porque esto será mucho más provechoso para ti que el conocimiento de muchas cuestiones difíciles.

2. –Cuando hayas leído y aprendido muchas cosas, siempre debes volver a un primer principio. «Yo soy el que enseña al hombre la ciencia»(**2**), y doy a los pequeños un conocimiento más claro del que puede ser enseñado por el hombre. Aquel a quien Yo hablo será rápidamente sabio y crecerá mucho en el espíritu. ¡Ay de aquellos que indagan en muchas cuestiones curiosas de los hombres, y prestan poca atención al camino de Mi servicio! Vendrá el tiempo en que Cristo aparecerá, el Maestro de maestros, el Señor de los Ángeles, para escuchar las lecciones de todos, es decir, para examinar las conciencias de cada uno. Y entonces «registrará a Jerusalén con lámparas»(**3**), y «las cosas ocultas de las tinieblas»(**4**) serán manifestadas, y los argumentos de las lenguas callarán.

3. –Yo soy el que en un instante levanta el espíritu humilde, para aprender más razonamientos de la Verdad Eterna, que si un hombre hubiera estudiado diez años en las escuelas. Enseño sin ruido de palabras, sin confusión de opiniones, sin afán de honor, sin choque de argumentos. Yo soy el que enseña a los hombres a despreciar las cosas terrenales, a aborrecer las cosas presentes, a buscar las cosas celestiales, a gozar de las cosas eternas, a huir de los honores, a soportar las ofensas, a poner toda la esperanza en Mí, a no desear nada aparte de Mí, y por encima de todas las cosas a amarme ardientemente.

4. –Porque hubo uno que, amándome desde el fondo de su corazón, aprendió cosas divinas y habló cosas maravillosas; aprovechó más abandonando todas las cosas que estudiando sutilezas. Pero a algunos les hablo de cosas comunes, a otros de cosas especiales; a algunos me aparezco suavemente en signos y figuras, y a otros les revelo misterios en mucha luz. La voz de los libros es una, pero no informa a todos por igual; porque Yo interiormente soy el Maestro de la verdad, el Escrutador del corazón, el Discernidor de los pensamientos, el Motor de las acciones, distribuyendo a cada hombre, como juzgo conveniente.

(**1**) **1** Corintios iv. **20**. (**2**) Salmo xciv. **10**. (**3**) Sofonías i. **12**. (**4**) **1** Corintios iv. **5**.

CAPÍTULO XLIV: De no preocuparnos por las cosas externas

–Hijo Mío, en muchas cosas te conviene ser ignorante, y estimarte como un muerto sobre la tierra, y como aquel para quien el mundo entero está crucificado. Muchas cosas también debes pasar por alto con oído sordo, y debes pensar más bien en aquellas cosas que pertenecen a tu paz. Es más provechoso apartar tus ojos de las cosas que desagradan, y dejar a cada hombre con su propia opinión, que entregarte a discursos de contienda. Si estás bien con Dios y tienes Su juicio en tu mente, soportarás en verdad fácilmente ser como un vencido.

2. Oh Señor, ¿a qué hemos llegado? He aquí que se lamenta una pérdida temporal; por una ganancia insignificante trabajamos y nos apresuramos; y la pérdida espiritual pasa al olvido, y raramente la recuperamos. Se atiende a lo que aprovecha poco o nada, y lo que es absolutamente necesario se pasa por alto negligentemente; porque todo el hombre se desliza hacia las cosas externas, y a menos que se recupere rápidamente, en las cosas externas yace voluntariamente.

CAPÍTULO XLV: Que no debemos creer a todos, y que somos propensos a caer en nuestras palabras

¡Señor, sé mi ayuda en la tribulación, porque vana es la ayuda del hombre!(**1**). ¡Cuántas veces he fallado en encontrar fidelidad, donde pensaba que la poseía! ¡Cuántas veces la he encontrado donde menos lo esperaba! Vana es, por tanto, la esperanza en los hombres, pero la salvación de los justos, oh Dios, está en Ti. Bendito seas, oh Señor mi Dios, en todas las cosas que nos suceden. Somos débiles e inestables, somos rápidamente engañados y cambiados por completo.

2. ¿Quién es el hombre que es capaz de guardarse tan cautelosa y circunspectamente como para no caer a veces en alguna trampa de perplejidad? Pero el que confía en Ti, oh Señor, y te busca con un corazón sincero, no resbala tan fácilmente. Y si cae en alguna tribulación, por muy enredado que esté, muy rápidamente será librado por Ti, o por Ti será consolado, porque no abandonarás al que confía en Ti hasta el fin. Raro es encontrar un amigo que permanezca fiel en todas las angustias de su amigo. Tú, oh Señor, solo Tú eres el más fiel en todas las cosas, y no hay otro como Tú.

3. ¡Oh, cuán verdaderamente sabia fue aquella alma santa que dijo: «Mi mente está firmemente fija, y está cimentada en Cristo»!(**2**). Si así fuera conmigo, el temor del hombre no me tentaría tan fácilmente, ni las flechas de las palabras me moverían. ¿Quién es suficiente para prever todas las cosas, quién para guardarse de antemano de los males futuros? Si incluso las cosas que se prevén a veces nos hieren, ¿qué pueden hacer las cosas que no se prevén, sino herir gravemente? Pero, ¿por qué no he provisto mejor para mí, miserable que soy? ¿Por qué, también, he prestado tanta atención a los demás? Pero somos hombres, y no somos otra cosa que hombres frágiles, aunque por muchos seamos contados y llamados ángeles. ¿En quién confiaré, oh Señor, en quién confiaré sino en Ti? Tú eres la Verdad, y no engañas, ni puedes ser engañado. Y por otro lado, «Todo hombre es mentiroso»(**3**), débil, inestable y frágil, especialmente en sus palabras, de modo que apenas se debe creer lo que parece sonar correcto a primera vista.

4. ¡Con qué sabiduría nos has advertido de antemano que nos guardemos de los hombres, y que «los enemigos del hombre son los de su propia casa»(**4**), y que no debemos creer si alguien nos dice «Helo aquí» o «Helo allí»!(**5**). He aprendido por mi pérdida, y ¡ojalá que por ello me vuelva más cuidadoso y no necio! «Ten cuidado», dice alguien, «ten cuidado, guarda para ti lo que te digo». Y mientras callo y creo que está oculto conmigo, él mismo no puede guardar silencio al respecto, sino que en seguida me traiciona a mí y a sí mismo, y se va. Protégeme, oh Señor, de tales hombres malintencionados e imprudentes; no me dejes caer en sus manos, ni hagas que yo mismo haga tales cosas. Pon una palabra verdadera y firme en mi boca, y aleja de mí una lengua engañosa. Lo que no quisiera sufrir, debo por todos los medios evitar hacerlo.

5. ¡Oh, qué cosa tan buena y pacificadora es guardar silencio sobre los demás, y no creer descuidadamente todos los informes, ni transmitirlos más allá; qué bueno también es abrirse a pocos, buscar siempre tenerte a Ti como espectador del corazón; no ser llevado por todo viento de palabras, sino desear que todas las cosas interiores y exteriores se hagan según el beneplácito de Tu voluntad! ¡Cuán seguro para la preservación de la gracia celestial es huir de la aprobación humana, y no anhelar las cosas que parecen ganar admiración en el exterior, sino seguir con todo fervor las cosas que traen enmienda de vida y fervor celestial! ¡Cuántos han sido perjudicados por el hecho de que su virtud se diera a conocer y se alabara demasiado deprisa! ¡Cuán verdaderamente provechosa ha sido la gracia preservada en silencio en esta frágil vida, que, como se nos dice, es toda tentación y guerra!

(**1**) Salmo lx. **11**. (**2**) Santa Águeda. (**3**) Salmo cxvi. **11**; Romanos iii. **4**. (**4**) Mateo x. **17**, **36**. (**5**) Mateo xxiv. **23**.

CAPÍTULO XLVI: De tener confianza en Dios cuando se nos lanzan malas palabras

–Hijo Mío, mantente firme y cree en Mí. Porque, ¿qué son las palabras sino palabras? Vuelan por el aire, pero no magullan ninguna piedra. Si eres culpable, piensa en cómo te enmendarías con gusto; si no sabes nada en tu contra, considera que soportarás esto con gusto por amor a Dios. Es bastante poco que a veces tengas que soportar palabras duras, porque aún no eres capaz de soportar golpes duros. ¿Y por qué asuntos tan triviales te llegan al corazón, sino porque todavía eres carnal, y consideras a los hombres más de lo que deberías? Porque como temes ser despreciado, no estás dispuesto a ser reprendido por tus faltas, y buscas los refugios mezquinos de las excusas.

2. –Pero mira mejor dentro de ti, y sabrás que el mundo todavía está vivo en ti, y el vano amor de agradar a los hombres. Porque cuando huyes de ser rebajado y confundido por tus faltas, es evidente que no eres ni verdaderamente humilde ni verdaderamente muerto al mundo, y que el mundo no está crucificado para ti. Pero escucha Mi palabra, y no te importarán diez mil palabras de hombres. He aquí, si todo lo que la mayor malicia pudiera inventar se dijera contra ti, ¿qué te dañaría si lo dejaras pasar por completo, y no le dieras más importancia que a una mota? ¿Podría arrancarte un solo cabello de la cabeza?

3. –Pero el que no tiene corazón dentro de sí, y no tiene a Dios ante sus ojos, es fácilmente movido por una palabra de reproche; pero el que confía en Mí, y no busca atenerse a su propio juicio, estará libre del temor de los hombres. Porque Yo soy el Juez y el Discernidor de todos los secretos; sé cómo se ha hecho la cosa; conozco tanto al que injuria como al que la soporta. De Mí salió esa palabra, por Mi permiso ha sucedido esto, «para que se revelen los pensamientos de muchos corazones»(**1**). Juzgaré al culpable y al inocente; pero de antemano he querido probarlos a ambos con un juicio secreto.

4. –El testimonio de los hombres a menudo engaña. Mi juicio es verdadero; permanecerá, y no será revocado. Comúnmente yace oculto, y solo a pocos en ciertos casos se da a conocer; sin embargo, nunca yerra, ni puede errar, aunque no parezca recto a los ojos de los hombres necios. A Mí, por tanto, deben recurrir los hombres en todo juicio, y no deben apoyarse en su opinión. Porque «ningún mal le sucederá al justo»(**2**), sea lo que sea que Dios le envíe. Aun cuando se presente alguna acusación injusta contra él, poco le importará; ni, tampoco, se regocijará en exceso si por medio de otros es claramente vindicado. Porque considera que Yo soy el que «prueba los corazones y los riñones»(**3**), que no juzga exteriormente y según la apariencia humana; porque a menudo en Mis ojos se encuentra culpable lo que en el juicio de los hombres se tiene por digno de alabanza.

5. Oh Señor Dios, oh Juez, justo, fuerte y paciente, que conoces la fragilidad y pecaminosidad de los hombres, sé Tú mi fuerza y toda mi confianza; porque mi propia conciencia no me basta. Tú sabes lo que yo no sé; y por tanto, bajo toda reprensión debo humillarme y soportarla mansamente. Por tanto, perdóname misericordiosamente cuantas veces no lo he hecho, y concédeme la próxima vez la gracia de una mayor resistencia. Porque mejor me es Tu abundante piedad para alcanzar Tu perdón, que la justicia que creo tener para defenderme de mi conciencia, que me acecha. «Aunque de nada tengo mala conciencia, no por eso soy justificado»(**4**), porque si Tu misericordia fuera quitada, «a tus ojos ningún ser viviente sería justificado»(**5**).

(**1**) Lucas ii. **35**. (**2**) Proverbios xii. **21**. (**3**) Salmo vii. **9**. (**4**) **1** Corintios iv. **4**. (**5**) Salmo cxliii. **2**.

CAPÍTULO XLVII: Que todas las tribulaciones han de ser soportadas por causa de la vida eterna

–Hijo Mío, no dejes que los trabajos que has emprendido por Mí te abatan, ni dejes que las tribulaciones te derriben de ninguna manera, sino que mi promesa te fortalezca y consuele en todo evento. Soy suficiente para recompensarte por encima de toda medida y extensión. No trabajarás mucho tiempo aquí, ni estarás siempre agobiado por las penas. Espera un poco más, y verás un pronto fin de tus males. Llegará una hora en que todo trabajo y confusión cesarán. Poco y breve es todo lo que pasa con el tiempo.

2. —Haz con fervor lo que haces; trabaja fielmente en Mi viña; Yo seré tu recompensa. Escribe, lee, canta, llora, calla, ora, soporta las adversidades virilmente; la vida eterna es digna de todos estos conflictos, sí, y de mayores. La paz vendrá en un día que es conocido por el Señor; que no será «ni día ni noche»(**1**), sino luz eterna, claridad infinita, paz firme y descanso imperturbable. No dirás entonces: «¿Quién me librará del cuerpo de esta muerte?»(**2**), ni clamarás: «¡Ay de mí, que mi peregrinación se prolonga!»(**3**), porque la muerte será completamente destruida, y habrá una salvación que nunca podrá fallar, no más ansiedad, feliz deleite, dulce y noble compañía.

3. —¡Oh, si vieras las coronas inmarcesibles de los Santos en el cielo, y con qué gran gloria se regocijan ahora, los que antes eran considerados por este mundo despreciablemente y como indignos de la vida! Verdaderamente te humillarías inmediatamente hasta la tierra, y desearías más bien estar en sujeción a todos, que tener autoridad sobre uno; ni anhelarías días placenteros de esta vida, sino que te regocijarías más de ser afligido por amor a Dios, y estimarías como ganancia ser contado por nada entre los hombres.

4. —¡Oh, si estas cosas fueran dulces a tu gusto, y te movieran hasta lo más profundo de tu corazón, cómo te atreverías siquiera una vez a quejarte! ¿No han de ser soportadas todas las cosas laboriosas por causa de la vida eterna? No es cosa pequeña, perder o ganar el Reino de Dios. Levanta, por tanto, tu rostro al cielo. He aquí, Yo y todos Mis Santos conmigo, que en este mundo tuvieron un duro conflicto, ahora se regocijan, ahora son consolados, ahora están seguros, ahora están en paz, y permanecerán conmigo por siempre en el Reino de Mi Padre.

(**1**) Zacarías xiv. **7**. (**2**) Romanos vii. **24**. (**3**) Salmo cxx. **5**.

CAPÍTULO XLVIII: Del día de la eternidad y de las estrecheces de esta vida

¡Oh, mansión bienaventuradísima de la Ciudad de arriba! ¡Oh, día clarísimo de la eternidad que la noche no oscurece, sino que la Suprema Verdad siempre ilumina! Día siempre gozoso, siempre seguro y que nunca cambia su estado por los contrarios. ¡Oh, si este día brillara, y todas estas cosas temporales llegaran a su fin! Brilla, en verdad, sobre los Santos, resplandeciendo con un brillo sin fin, pero solo de lejos y a través de un espejo, sobre los que son peregrinos en la tierra.

2. Los ciudadanos del cielo saben cuán glorioso es ese día; los hijos exiliados de Eva gimen, porque este es amargo y tedioso. Los días de esta vida son pocos y malos, llenos de penas y estrecheces, donde el hombre es manchado con muchos pecados, atrapado con muchas pasiones, atado con muchos temores, fatigado con muchos cuidados, distraído con muchas preguntas, enredado con muchas vanidades, rodeado de muchos errores, desgastado por muchos trabajos, agobiado por las tentaciones, enervado por los placeres, atormentado por la pobreza.

3. ¡Oh, cuándo habrá fin de estos males? ¿Cuándo seré librado de la miserable esclavitud de mis pecados? ¿Cuándo me acordaré, oh Señor, solo de Ti? ¿Cuándo me regocijaré en Ti plenamente? ¿Cuándo estaré en verdadera libertad sin ningún impedimento, sin ninguna carga en la mente o en el cuerpo? ¿Cuándo habrá paz sólida, paz inamovible y segura, paz por dentro y por fuera, paz firme por todos lados? Bendito Jesús, ¿cuándo estaré para contemplarte? ¿Cuándo contemplaré la gloria de Tu reino? ¿Cuándo serás para mí todo en todo? Oh, ¿cuándo estaré contigo en Tu Reino que has preparado desde la fundación del mundo para los que te aman? Me quedo desamparado, un exiliado en tierra hostil, donde hay guerras diarias y graves desgracias.

4. Consuela mi exilio, mitiga mi dolor, porque hacia Ti anhela todo mi deseo. Porque todo es para mí una carga, cualquier cosa que este mundo ofrezca como consuelo. Anhelo gozar de Ti íntimamente, pero no puedo alcanzarlo. Anhelo adherirme a las cosas celestiales, pero las cosas temporales y las pasiones no mortificadas me oprimen. En mi mente quisiera estar por encima de todas las cosas, pero en mi carne me veo obligado a estar por debajo de ellas contra mi voluntad. Así, ¡miserable de mí!, lucho conmigo mismo, y me soy gravoso incluso a mí mismo, mientras el espíritu busca estar arriba y la carne abajo.

5. ¡Oh, cómo sufro interiormente, mientras con la mente discurro sobre las cosas celestiales, y al instante una multitud de cosas carnales se precipita sobre mí mientras oro! ¡Dios mío, no te alejes de mí, ni te apartes con ira de Tu siervo! Lanza Tu relámpago y dispérsalos; envía Tus flechas(**1**), y que todas las ilusiones de mi enemigo sean confundidas. Recoge mis sentidos hacia Ti, hazme olvidar todas las cosas del mundo; concédeme rápidamente desechar y despreciar las imaginaciones del pecado. Socórreme, oh Verdad Eterna, para que ninguna vanidad me mueva. Ven a mí, oh Dulzura Celestial, y que toda impureza huya de Tu presencia. Perdóname también, y por Tu misericordia trátame con benignidad, siempre que en la oración piense en algo más que en Ti; porque en verdad confieso que suelo estar continuamente distraído. Porque a menudo, donde en el cuerpo estoy de pie o sentado, allí no estoy yo mismo; sino que más bien estoy allí, adonde soy llevado por mis pensamientos. Donde está mi pensamiento, allí estoy yo; y allí comúnmente está mi pensamiento donde está lo que amo. Eso me ocurre fácilmente, lo que naturalmente me deleita, o me agrada por costumbre.

6. Por lo cual Tú, que eres la Verdad, has dicho claramente: «Donde esté vuestro tesoro, allí estará también vuestro corazón»(**2**). Si amo el cielo, medito con gusto en las cosas celestiales. Si amo el mundo, me regocijo en las delicias del mundo, y me entristecen sus adversidades. Si amo la carne, imagino continuamente las cosas que pertenecen a la carne; si amo el espíritu, me deleito meditando en las cosas espirituales. Porque cualesquiera cosas que amo, de estas converso y escucho con gusto, y llevo conmigo las imágenes de ellas. Pero bienaventurado es el hombre que por Tu causa, oh Señor, está dispuesto a separarse de todas las criaturas; que hace violencia a su naturaleza carnal y crucifica las concupiscencias de la carne por el fervor de su espíritu, para que con serena conciencia pueda ofrecerte una oración pura, y sea hecho digno de entrar en los coros angélicos, habiendo excluido de sí mismo, tanto exterior como interiormente, todas las cosas del mundo.

(**1**) Salmo cxliii. **6**. (**2**) Mateo vi. **21**.

CAPÍTULO XLIX: Del deseo de la vida eterna, y de cuán grandes bendiciones se prometen a los que luchan

–Hijo Mío, cuando sientas que el deseo de la felicidad eterna es derramado en ti desde arriba, y anheles apartarte del tabernáculo de este cuerpo, para que puedas contemplar Mi gloria sin sombra de cambio, ensancha tu corazón, y acoge esta santa inspiración con todo tu deseo. Da las más cordiales gracias a la Suprema Bondad, que te trata con tanta gracia, te visita con tanto amor, te anima con tanto fervor, te levanta con tanto poder, para que no te hundas por tu propio peso en las cosas terrenales. Porque no por tu propia meditación o esfuerzo recibes este don, sino por la sola condescendencia graciosa de la Gracia Suprema y la consideración Divina; a fin de que progreses en la virtud y en más humildad, y te prepares para futuros conflictos, y te adhieras a Mí con todo el afecto de tu corazón, y te esfuerces por servirme con voluntad ferviente.

2. –Hijo Mío, a menudo el fuego arde, pero la llama no asciende sin humo. Así también los deseos de algunos hombres arden hacia las cosas celestiales, y sin embargo no están libres de la tentación del afecto carnal. Por tanto, no actúan con un deseo totalmente sencillo de la gloria de Dios cuando le rezan con tanto fervor. Tal es, también, a menudo tu deseo, cuando lo has imaginado tan ferviente. Porque no es puro y perfecto lo que está manchado con tu propio egoísmo.

3. –No busques lo que es placentero y ventajoso para ti, sino lo que es aceptable y honorable para Mí; porque si juzgas rectamente, debes elegir y seguir Mi designio antes que tu propio deseo; sí, antes que cualquier cosa que pueda ser deseada. Conozco tu deseo, y he oído tus muchos gemidos. Ya anhelas estar en la gloriosa libertad de los hijos de Dios; ya te deleita el hogar eterno, y la patria celestial llena de alegría; pero la hora aún no ha llegado; queda todavía otra estación, una estación de guerra, una estación de trabajo y de prueba. Deseas ser llenado con el Sumo Bien, pero no puedes alcanzarlo inmediatamente. Yo SOY ese Bien; espérame, hasta que venga el Reino de Dios.

4. –Todavía debes ser probado en la tierra, y ejercitado en muchas cosas. De vez en cuando se te dará consolación, pero no se te concederá la satisfacción abundante. Sé fuerte, pues, y sé valiente tanto en el obrar como en el sufrir cosas que son contrarias a tu naturaleza. Debes revestirte del hombre nuevo, y ser cambiado en otro hombre. A menudo debes hacer lo que no querrías; y debes dejar de hacer lo que querrías hacer. Lo que agrada a otros tendrá buen éxito, lo que te agrada a ti no tendrá prosperidad. Lo que otros digan será escuchado, lo que tú digas no recibirá atención. Otros pedirán y recibirán; tú pedirás y no obtendrás. Otros serán grandes en la opinión de los hombres, pero de ti no se hablará nada. A otros se les confiará esto o aquello; tú serás juzgado útil para nada.

5. –Por esta causa la naturaleza a veces se llenará de tristeza; y es una gran cosa si lo soportas en silencio. En esta y en muchas cosas semejantes, el siervo fiel del Señor suele ser probado, hasta qué punto es capaz de negarse a sí mismo y de someterse en todas las cosas. Apenas hay algo en lo que necesites mortificarte tanto como en ver cosas que son adversas a tu voluntad; especialmente cuando se te mandan hacer cosas que te parecen inoportunas o de poca utilidad para ti. Y como no te atreves a resistir a un poder superior, estando bajo autoridad, por eso te parece duro dirigir tu curso según la indicación de otro, y renunciar a tu propia opinión.

6. –Pero considera, Hijo Mío, el fruto de estos trabajos, el fin rápido, y la recompensa sobremanera grande; y no encontrarás dolor en soportarlos entonces, sino más bien el más fuerte consuelo de tu paciencia. Porque incluso a cambio de este deseo insignificante que has abandonado de buen grado, siempre tendrás tu voluntad en el Cielo. Allí en verdad encontrarás todo lo que querrías, todo lo que puedes anhelar. Allí tendrás todo el bien a tu alcance sin temor a perderlo. Allí tu voluntad, siempre una con la Mía, no deseará nada exterior, nada para sí misma. Allí nadie te resistirá, nadie se quejará de ti, nadie te estorbará, nada se interpondrá en tu camino; sino que todas las cosas deseadas por ti estarán presentes juntas, y refrescarán todo tu afecto, y lo llenarán hasta el borde. Allí daré gloria por el desprecio sufrido aquí, vestidura de alabanza por el dolor, y por el último lugar un trono en el Reino, para siempre. Allí aparecerá el fruto de la obediencia, el trabajo de la penitencia se regocijará, y la humilde sujeción será coronada gloriosamente.

7. –Ahora, por tanto, inclínate humildemente bajo las manos de todos los hombres; y no te preocupe quién dijo esto o quién ordenó aquello; sino ten especial cuidado de que, ya sea tu superior, tu inferior o tu igual, te requiera algo, o incluso muestre un deseo de ello; tómalo todo a bien, y esfuérzate con buena voluntad en cumplir el deseo. Que uno busque esto, otro aquello; que este hombre se gloríe en esto, y aquel en aquello, y sea alabado mil mil veces, pero regocíjate tú solo en el desprecio de ti mismo, y en Mi propio beneplácito y gloria. Esto es lo que has de anhelar: que, ya sea por la vida o por la muerte, Dios sea siempre engrandecido en ti(**1**).

(**1**) Filipenses i. **20**.

CAPÍTULO L: Cómo un hombre desolado debe encomendarse a las manos de Dios

¡Oh Señor, Padre Santo, sé bendito ahora y por siempre!; porque como Tú quieres, así se hace, y lo que Tú haces es bueno. Que Tu siervo se regocije en Ti, no en sí mismo, ni en ningún otro; porque solo Tú eres la verdadera alegría, Tú eres mi esperanza y mi corona, Tú eres mi gozo y mi honor, oh Señor. ¿Qué tiene Tu siervo que no haya recibido de Ti, incluso sin mérito propio? Tuyas son todas las cosas que has dado y que has hecho. Soy pobre y estoy en la miseria desde mi juventud(**1**), y mi alma está triste hasta las lágrimas, a veces también se inquieta dentro de sí misma, a causa de los sufrimientos que le sobrevienen.

2. Anhelo la alegría de la paz; la paz de Tus hijos suplico, porque en la luz de Tu consuelo son alimentados por Ti. Si Tú das paz, si Tú infundes en mí santa alegría, el alma de Tu siervo estará llena de melodía, y devota en Tu alabanza. Pero si Te retiras, como demasiado a menudo sueles hacer, no podrá correr por el camino de Tus mandamientos, sino que más bien se golpeará el pecho y doblará las rodillas; porque no le sucede como ayer y anteayer, cuando «Tu lámpara brillaba sobre su cabeza»(**2**), y caminaba «bajo la sombra de Tus alas»(**3**), de las tentaciones que lo acosaban.

3. Oh Padre, justo y siempre digno de alabanza, llega la hora en que Tu siervo ha de ser probado. Oh Padre amado, es bueno que en esta hora Tu siervo sufra algo por Tu causa. Oh Padre, siempre digno de ser adorado, llega la hora que Tú preconocías desde la eternidad, cuando por un breve tiempo Tu siervo se inclinaría exteriormente, pero siempre viviría interiormente contigo; cuando por un breve tiempo sería poco considerado, humillado y fallaría a los ojos de los hombres; sería consumido por sufrimientos y debilidades, para resucitar contigo en el alba de la nueva luz, y ser glorificado en los lugares celestiales. Oh Padre Santo, así lo has ordenado, y así lo has querido; y se ha hecho lo que Tú mismo has mandado.

4. Porque este es Tu favor para con Tu amigo, que sufra y sea atribulado en el mundo por amor a Ti, cuantas veces sea, y por quien sea, y como sea que hayas permitido que se haga. Sin Tu consejo y providencia, y sin causa, nada sucede en la tierra. «Bueno es para mí, Señor, haber sido humillado, para que aprenda tus estatutos»(**4**), y para que deseche todo orgullo de corazón y presunción. Me es provechoso que la confusión haya cubierto mi rostro, para que busque en Ti consolación antes que en los hombres. Con esto también he aprendido a temer Tu juicio inescrutable, que afliges al justo con el impío, pero no sin equidad y justicia.

5. Gracias a Ti, porque no has perdonado mis pecados, sino que me has golpeado con azotes de amor, infligiéndome dolores y enviándome tribulaciones por fuera y por dentro. No hay nadie que pueda consolarme, de todas las cosas que están bajo el cielo, sino solo Tú, oh Señor mi Dios, Tú celestial Médico de las almas, que hieres y tienes misericordia, que llevas al infierno y vuelves a sacar(**5**). Tu disciplina sobre mí, y Tu misma vara me enseñarán.

6. He aquí, oh Padre amado, estoy en Tus manos, me inclino bajo la vara de Tu corrección. Golpea mi espalda y mi cuello para que yo doblegue mi torpeza a Tu voluntad. Hazme un discípulo piadoso y humilde, como solías ser bondadoso, para que yo camine según cada una de Tus indicaciones. A Ti me encomiendo a mí mismo y a todo lo que tengo para corrección; mejor es ser castigado aquí que en el más allá. Tú conoces todas las cosas y cada una de ellas; y nada permanece oculto para Ti en la conciencia del hombre. Antes de que sean, Tú sabes que serán, y no necesitas que nadie te enseñe o te amoneste acerca de las cosas que se hacen sobre la tierra. Tú sabes lo que es conveniente para mi provecho, y cuán grandemente sirve la tribulación para limpiar el óxido del pecado. Haz de mí según Tu deseado beneplácito, y no desprecies mi vida llena de pecado, conocida por nadie tan entera y plenamente como solo por Ti.

7. Concédeme, oh Señor, conocer lo que debe ser conocido; amar lo que debe ser amado; alabar lo que más te agrada, estimar lo que es precioso a Tu vista, reprobar lo que es vil a Tus ojos. No permitas que juzgue según la vista de los ojos corporales, ni que dé sentencia según el oído de los oídos de hombres ignorantes; sino que discierna con verdadero juicio entre las cosas visibles y espirituales, y sobre todas las cosas busque siempre la voluntad de Tu beneplácito.

8. A menudo los sentidos de los hombres se engañan al juzgar; los amantes del mundo también se engañan al amar solo las cosas visibles. ¿En qué es mejor un hombre por ser considerado muy grande por otro hombre? El engañador engaña al engañador, el vano al vano, el ciego al ciego, el débil al débil, cuando se exaltan unos a otros; y en verdad más bien se avergüenzan, mientras se alaban neciamente. Porque como dice el humilde San Francisco: «Lo que cada uno es a Tus ojos, eso es, y no más».

(**1**) Salmo lxxxviii. **15**. (**2**) Job xxix. **3**. (**3**) Salmo xvii. **8**. (**4**) Salmo cxix. **71**. (**5**) Tobías xiii. **2**.

CAPÍTULO LI: Que debemos dedicarnos a obras humildes cuando no estamos a la altura de las elevadas

–Hijo Mío, no siempre eres capaz de continuar en un deseo muy ferviente por las virtudes, ni de mantenerte firme en la región más elevada de la contemplación; sino que por necesidad debes descender a veces a cosas más bajas debido a tu corrupción original, y llevar la carga de la vida corruptible, aunque de mala gana y con cansancio. Mientras lleves un cuerpo mortal, sentirás cansancio y pesadez de corazón. Por tanto, debes gemir a menudo en la carne a causa de la carga de la carne, en la medida en que no puedes entregarte incesantemente a los estudios espirituales y a la contemplación divina.

2. –En tal momento, te conviene huir a obras humildes y externas, y renovarte con buenas acciones; esperar Mi venida y visitación celestial con segura confianza; soportar tu exilio y sequedad de mente con paciencia, hasta que seas visitado por Mí de nuevo, y seas liberado de todas las ansiedades. Porque Yo haré que olvides tus trabajos, y que goces por completo de la paz eterna. Desplegaré ante ti los agradables pastos de las Escrituras, para que con el corazón ensanchado comiences a correr por el camino de Mis mandamientos. Y dirás: «Los padecimientos del tiempo presente no son dignos de ser comparados con la gloria que en nosotros ha de manifestarse»(**1**).

(**1**) Romanos viii. **18**.

CAPÍTULO LII: Que un hombre no debe considerarse digno de consolación, sino más digno de castigo

Oh Señor, no soy digno de Tu consolación, ni de ninguna visitación espiritual; y por tanto, obras con justicia conmigo cuando me dejas pobre y desolado. Porque si pudiera derramar lágrimas como el mar, aun así no sería digno de Tu consolación. Por tanto, no soy digno de nada salvo de ser azotado y castigado, porque te he ofendido grave y muchas veces, y en muchas cosas he pecado grandemente. Por tanto, hecha la cuenta verdadera, no soy digno ni de la más pequeña de Tus consolaciones. Pero Tú, Dios benigno y misericordioso, que no quieres que Tus obras perezcan, para manifestar las riquezas de Tu misericordia sobre los vasos de misericordia(**1**), te dignas, incluso más allá de todo su merecimiento, consolar a Tu siervo por encima de la medida de la humanidad. Porque Tus consolaciones no son como los discursos de los hombres.

2. ¿Qué he hecho, oh Señor, para que me concedas algún consuelo celestial? No recuerdo haber hecho ningún bien, sino haber sido siempre propenso al pecado y lento para la enmienda. Es verdad y no puedo negarlo. Si dijera lo contrario, te levantarías contra mí, y no habría nadie para defenderme. ¿Qué he merecido por mis pecados sino el infierno y el fuego eterno? En verdad confieso que soy digno de todo escarnio y desprecio, y no es propio que sea recordado entre Tus siervos fieles. Y aunque no quiera oír esto, sin embargo, por amor a la Verdad, me acusaré de mis pecados, para que más fácilmente pueda prevalecer para ser considerado digno de

Tu misericordia.

3. ¿Qué diré, culpable como soy y lleno de confusión? No tengo boca para proferir, a menos que sea esta sola palabra: «He pecado, Señor, he pecado; ten misericordia de mí, perdóname». Déjame, para que me consuele un poco antes de irme de donde no volveré, a la tierra de tinieblas y sombra de muerte(**2**). ¿Qué exiges tanto de un pecador culpable y miserable, sino que se arrepienta y se humille por sus pecados? En la verdadera contrición y humillación del corazón se engendra la esperanza del perdón, la conciencia turbada se reconcilia, la gracia perdida se recupera, el hombre es preservado de la ira venidera, y Dios y el alma penitente se apresuran a encontrarse con un beso santo(**3**).

4. La humilde contrición de los pecadores es un sacrificio aceptable para Ti, oh Señor, que despide un olor mucho más dulce a Tu vista que el incienso. Este es también ese ungüento agradable que quisiste que se derramara sobre Tus sagrados pies, porque «un corazón quebrantado y contrito, Tú nunca lo has despreciado»(**4**). Allí está el lugar de refugio del rostro airado del enemigo. Allí se enmienda y se lava todo mal que en otra parte se haya contraído.

(**1**) Romanos ix. **23**. (**2**) Job x. **20**, **21**. (**3**) Lucas xv. **20**. (**4**) Salmo li. **17**.

CAPÍTULO LIII: Que la Gracia de Dios no se une a los que se preocupan por las cosas terrenales

–Hijo Mío, preciosa es Mi gracia, no permite unirse a cosas externas, ni a consolaciones terrenales. Por tanto, debes desechar todas las cosas que obstaculizan la gracia, si anhelas recibir su infusión. Busca un lugar secreto para ti, ama habitar a solas contigo mismo, no desees la conversación de nadie; sino más bien derrama tu devota oración a Dios, para que poseas una mente contrita y una conciencia pura. Considera el mundo entero como nada; busca estar a solas con Dios antes que con todas las cosas externas. Porque no puedes estar a solas conmigo y, al mismo tiempo, deleitarte con cosas transitorias. Debes separarte de tus conocidos y amigos queridos, y mantener tu mente libre de todo consuelo mundano. Así lo suplica el bienaventurado Apóstol Pedro, que los fieles de Cristo se comporten en este mundo como extranjeros y peregrinos(**1**).

2. –¡Oh, qué gran confianza tendrá el moribundo a quien ningún afecto por nada lo retiene en el mundo! Pero tener un corazón tan separado de todas las cosas, un alma enfermiza aún no lo comprende, ni el hombre carnal conoce la libertad del hombre espiritual. Pero si en verdad desea ser de mente espiritual, debe renunciar tanto a los que están lejos como a los que están cerca, y guardarse de nadie más que de sí mismo. Si te vences perfectamente a ti mismo, muy fácilmente someterás todo lo demás. La victoria perfecta es el triunfo sobre uno mismo. Porque quien se mantiene en sujeción, de tal manera que los afectos sensuales obedecen a la razón, y la razón en todas las cosas me obedece a Mí, ese es verdaderamente vencedor de sí mismo y señor del mundo.

3. –Si deseas escalar a esta altura, debes comenzar valientemente, y poner el hacha en la raíz, a fin de que puedas arrancar y destruir la inclinación oculta y desordenada hacia ti mismo, y hacia todo bien egoísta y terrenal. De este pecado, que un hombre se ama a sí mismo con demasiada desmesura, pende casi todo lo que necesita ser vencido por completo: cuando ese mal sea conquistado y pisoteado, habrá gran paz y tranquilidad continuamente. Pero como pocos se esfuerzan seriamente por morir perfectamente a sí mismos, y no salen de sí mismos de corazón, por eso permanecen enredados en sí mismos, y no pueden ser elevados en espíritu por encima de sí mismos. Pero el que desea caminar en libertad conmigo, debe necesariamente mortificar todos sus afectos malos y desordenados, y no debe apegarse a ninguna criatura con amor egoísta.

(**1**) **1** Pedro ii. **11**.

CAPÍTULO LIV: De los diversos movimientos de la Naturaleza y de la Gracia

—Hijo Mío, presta diligente atención a los movimientos de la Naturaleza y de la Gracia, porque se mueven de una manera muy contraria y sutil, y apenas se distinguen salvo por un hombre espiritual e interiormente iluminado. Todos los hombres, en verdad, buscan el bien, y aparentan algo bueno en todo lo que dicen o hacen; y así, bajo la apariencia de bien, muchos son engañados.

2. —La Naturaleza es engañosa y arrastra, atrapa y engaña a muchos, y siempre tiene como fin el yo; pero la Gracia camina en la sencillez y se aparta de toda apariencia de mal, no hace falsas apariencias, y lo hace todo enteramente por amor a Dios, en quien también finalmente descansa.

3. —La Naturaleza es muy reacia a morir, y a ser oprimida, y a ser vencida, y a estar en sujeción, y a llevar el yugo de buen grado; pero la Gracia estudia la automortificación, resiste la sensualidad, busca ser sometida, anhela ser conquistada, y no quiere usar su propia libertad. Ama ser contenida por la disciplina, y no tener autoridad sobre nadie, sino siempre vivir, permanecer, tener su ser bajo Dios, y por amor a Dios está dispuesta a someterse humildemente a toda ordenanza del hombre.

4. —La Naturaleza trabaja para su propio provecho, y considera qué beneficio puede obtener de otro; pero la Gracia considera más, no lo que pueda ser útil y conveniente para uno mismo, sino lo que pueda ser provechoso para muchos.

5. —La Naturaleza recibe de buen grado el honor y la reverencia; pero la Gracia atribuye fielmente todo honor y gloria a Dios.

6. —La Naturaleza teme la confusión y el desprecio, pero la Gracia se regocija de sufrir vergüenza por el nombre de Jesús.

7. —La Naturaleza ama la comodidad y la quietud corporal; la Gracia no puede estar ociosa, sino que abraza con gusto el trabajo.

8. —La Naturaleza busca poseer cosas curiosas y atractivas, y aborrece las que son toscas y baratas; la Gracia se deleita en las cosas sencillas y humildes, no desprecia las que son toscas, ni se niega a vestirse con ropas viejas.

9. —La Naturaleza tiene en cuenta las cosas temporales, se regocija en el lucro terrenal, se entristece por la pérdida, se irrita por cualquier pequeña palabra injuriosa; pero la Gracia aspira a las cosas eternas, no se apega a las que son temporales, no se perturba por las pérdidas, ni se amarga por ninguna palabra dura, porque ha puesto su tesoro y su alegría en el cielo, donde nada perece.

10. –La Naturaleza es codiciosa, y recibe más gustosamente de lo que da, ama las cosas que le son personales y privadas; mientras que la Gracia es amable y generosa, evita el egoísmo, se contenta con poco, cree que «es más bienaventurado dar que recibir».

11. –La Naturaleza te inclina a las cosas creadas, a tu propia carne, a las vanidades y a la disipación; pero la Gracia atrae a Dios y a las virtudes, renuncia a las criaturas, huye del mundo, odia los deseos de la carne, reprime las divagaciones, se sonroja de ser vista en público.

12. –La Naturaleza se alegra de recibir algún consuelo exterior en el que los sentidos puedan deleitarse; pero la Gracia busca ser consolada solo en Dios, y deleitarse en el sumo bien por encima de todas las cosas visibles.

13. –La Naturaleza hace todo para su propia ganancia y provecho, no puede hacer nada como un favor gratuito, sino que espera obtener algo tan bueno o mejor, o alguna alabanza o favor por sus beneficios; y ama que sus propias obras y dones sean altamente valorados; pero la Gracia no busca nada temporal, ni requiere otro don de recompensa que solo a Dios; ni anhela más de las necesidades temporales que las que puedan bastar para alcanzar la vida eterna.

14. –La Naturaleza se regocija en muchos amigos y parientes, se jacta de un lugar y nacimiento nobles, sonríe a los poderosos, adula a los ricos, aplaude a los que son como ella; pero la Gracia ama incluso a sus enemigos, y no se enaltece por la multitud de amigos, no da importancia a un alto lugar o nacimiento, a menos que haya mayor virtud con ello; favorece más al pobre que al rico, tiene más simpatía por el inocente que por el poderoso; se regocija con el veraz, no con el mentiroso; siempre exhorta a los buenos a esforzarse por dones de gracia mejores, y a asemejarse por la santidad al Hijo de Dios.

15. –La Naturaleza se queja rápidamente de la pobreza y de los problemas; la Gracia soporta la necesidad con constancia.

16. –La Naturaleza mira todas las cosas en referencia a sí misma; lucha y argumenta por sí misma; pero la Gracia devuelve todas las cosas a Dios, de donde vinieron al principio; no se atribuye ningún bien a sí misma ni presume arrogantemente; no es contenciosa, ni prefiere su propia opinión a la de los demás, sino que en todo sentido y entendimiento se somete a la Sabiduría Eterna y al juicio Divino.

17. –La Naturaleza está ansiosa por conocer secretos y oír cosas nuevas; ama aparecer en público y experimentar muchas cosas a través de los sentidos; desea ser reconocida y hacer aquellas cosas que ganan alabanza y admiración; pero la Gracia no se preocupa por recoger cosas nuevas o curiosas, porque todo esto brota de la antigua corrupción, mientras que no hay nada nuevo o duradero sobre la tierra. Así que enseña a reprimir los sentidos, a evitar la vana complacencia y la ostentación, a ocultar humildemente las cosas que merecen alabanza y verdadera admiración, y de todo y en todo conocimiento buscar el fruto útil, y la alabanza y el honor de Dios. No desea recibir alabanza para sí misma o lo suyo, sino que anhela que Dios sea bendecido en todos Sus dones, quien por puro amor lo concede todo.

18. Esta Gracia es una luz sobrenatural, y un cierto don especial de Dios, y la marca propia de los elegidos, y la prenda de la salvación eterna; exalta al hombre de las cosas terrenales a amar las celestiales; y hace espiritual al hombre carnal. Por tanto, en la medida en que la Naturaleza es completamente oprimida y vencida, en esa medida se concede mayor Gracia, y el hombre interior es diariamente creado de nuevo por nuevas visitaciones, a imagen de Dios.

CAPÍTULO LV: De la corrupción de la Naturaleza y de la eficacia de la Gracia Divina

Oh Señor mi Dios, que me has creado a tu imagen y semejanza, concédeme esta gracia, que has mostrado ser tan grande y tan necesaria para la salvación, para que pueda yo vencer mi naturaleza perversa, que me arrastra al pecado y a la perdición. Porque siento en mi carne la ley del pecado, que contradice la ley de mi mente y me lleva cautivo a la obediencia de la sensualidad en muchas cosas; y no puedo resistir sus pasiones, a menos que Tu santísima gracia me asista, derramada fervientemente en mi corazón.

2. Es necesaria Tu gracia, sí, y en gran medida, para que mi naturaleza sea vencida, la cual siempre ha sido propensa al mal desde mi juventud. Porque habiendo caído por el primer hombre, Adán, y corrompida por el pecado, el castigo de esta mancha descendió sobre todos los hombres; de modo que la Naturaleza misma, que fue formada buena y recta por Ti, ahora se usa para expresar el vicio y la flaqueza de la Naturaleza corrompida; porque su movimiento, dejado a sí mismo, arrastra a los hombres al mal y a las cosas inferiores. Porque el poco poder que queda es como una chispa escondida entre las cenizas. Esta es la Razón Natural misma, rodeada de espesas nubes, que aún tiene discernimiento del bien y del mal, distinción de lo verdadero y lo falso, aunque es impotente para cumplir todo lo que aprueba, y no posee todavía la plena luz de la verdad, ni la salud de sus afectos.

3. De aquí se sigue, oh Dios mío, que me deleito en Tu ley según el hombre interior(**1**), sabiendo que Tu mandamiento es santo, justo y bueno; reprobando también todo mal, y el pecado que debe ser evitado; sin embargo, con la carne sirvo a la ley del pecado, mientras obedezco a la sensualidad más que a la razón. De aquí se sigue que el querer hacer el bien está presente en mí, pero el cómo realizarlo no lo encuentro(**2**). De aquí que a menudo me propongo muchas cosas buenas; pero como falta la gracia para ayudar a mis flaquezas, retrocedo ante una pequeña resistencia y fallo. De aquí sucede que reconozco el camino de la perfección, y veo muy claramente las cosas que debo hacer; pero oprimido por el peso de mi propia corrupción, no me elevo a las cosas que son más perfectas.

4. ¡Oh, cuán enteramente necesaria me es Tu gracia, oh Señor, para un buen comienzo, para el progreso y para llevar a la perfección! Porque sin ella nada puedo hacer, pero «todo lo puedo en» Tu gracia «que me fortalece»(**3**). ¡Oh, gracia verdaderamente celestial, sin la cual nuestros propios méritos son nada, y ningún don de la Naturaleza debe ser estimado! Las artes, las riquezas, la belleza, la fuerza, el ingenio, la elocuencia, nada de esto vale ante Ti, oh Señor, sin Tu gracia. Porque los dones de la Naturaleza pertenecen tanto a los buenos como a los malos; pero el don propio de los elegidos es la gracia —es decir, el amor— y los que llevan su marca son tenidos por dignos de la vida eterna. Tan poderosa es esta gracia, que sin ella ni el don de profecía, ni la realización de milagros, ni ninguna especulación, por elevada que sea, tiene valor alguno. Pero ni la fe, ni la esperanza, ni ninguna otra virtud es aceptada contigo sin el amor y la gracia.

5. ¡Oh, graciosísima gracia que haces al pobre de espíritu rico en virtudes, y al que es rico en muchas cosas lo vuelves humilde de espíritu! Ven, desciende sobre mí, lléname temprano con Tu consolación, no sea que mi alma desfallezca por el cansancio y la sequedad de la mente. Te suplico, oh Señor, que halle yo gracia a Tus ojos, porque «me basta tu gracia»(**4**), cuando no obtengo aquellas cosas que la Naturaleza anhela. Si soy tentado y vejado con muchas tribulaciones, no temeré ningún mal, mientras Tu gracia permanezca conmigo. Esta sola es mi fuerza, esta me trae consejo y ayuda. Es más poderosa que todos los enemigos, y más sabia que todos los sabios del mundo.

6. Es la maestra de la verdad, la enseñante de la disciplina, la luz del corazón, el consuelo de la ansiedad, la que destierra la tristeza, la que libera del temor, la nodriza de la devoción, la que provoca las lágrimas. ¿Qué soy yo sin ella, sino un árbol seco, una rama inútil, digna de ser desechada? «Que Tu gracia, por tanto, oh Señor, siempre me preceda y me siga, y me haga continuamente dado a todas las buenas obras, por Jesucristo, Tu Hijo. Amén».

(**1**) Romanos vii. **12**, **22**. **25**. (**2**) Romanos vii. **18**. (**3**) Filipenses iv. **13**. (**4**) **2** Corintios xii. **9**.

CAPÍTULO LVI: Que debemos negarnos a nosotros mismos e imitar a Cristo por medio de la Cruz

—Hijo Mío, cuanto más puedas salir de ti mismo, tanto más podrás entrar en Mí. Así como el no desear ninguna cosa exterior obra la paz interior, así el abandonarse a sí mismo interiormente une a Dios. Quiero que aprendas la perfecta abnegación, viviendo en Mi voluntad sin contradicción ni queja. Sígueme: «Yo soy el camino, la verdad y la vida»(**1**). Sin el camino no puedes ir, sin la verdad no puedes conocer, sin la vida no puedes vivir. Yo soy el Camino que debes seguir; la Verdad que debes creer; la Vida que debes esperar. Soy el Camino inmutable; la Verdad infalible; la Vida eterna. Soy el Camino enteramente recto, la Verdad suprema, la Vida verdadera, la Vida bienaventurada, la Vida increada. Si permaneces en Mi camino conocerás la Verdad, y «la verdad te hará libre»(**2**), y te aferrarás a la vida eterna.

2. «Si quieres entrar en la vida, guarda los mandamientos»(**3**). Si quieres conocer la verdad, cree en Mí. Si quieres ser perfecto, vende todo lo que tienes. Si quieres ser Mi discípulo, niégate a ti mismo. Si quieres poseer la vida bienaventurada, desprecia la vida presente. Si quieres ser exaltado en el cielo, humíllate en el mundo. Si quieres reinar conmigo, lleva la cruz conmigo; porque solo los siervos de la cruz encuentran el camino de la bienaventuranza y de la verdadera luz.

3. Oh Señor Jesús, puesto que Tu vida fue estrecha y despreciada por el mundo, concédeme imitarte en el desprecio del mundo, porque «el siervo no es mayor que su señor, ni el discípulo más que su maestro»(**4**). Que Tu siervo se ejercite en Tu vida, porque allí está mi salvación y verdadera santidad. Cualquier otra cosa que lea o escuche aparte de ella, no me refresca ni me deleita.

4. —Hijo mío, porque sabes estas cosas y las has leído todas, bienaventurado serás si las haces. «El que tiene mis mandamientos y los guarda, ese es el que me ama; y yo le amaré, y me manifestaré a él»(**5**), y le haré sentarse conmigo en el Reino de mi Padre.

5. Oh Señor Jesús, como has dicho y prometido, así sea conmigo, y concédeme ser digno de ello. He recibido la cruz de Tu mano; la he llevado y la llevaré hasta la muerte, como Tú la has puesto sobre mí. Verdaderamente la vida de un siervo verdaderamente devoto es una cruz, pero conduce al paraíso. He comenzado; no puedo volver atrás ni abandonarla.

6. Venid, hermanos míos, avancemos juntos. Jesús estará con nosotros. Por amor a Jesús hemos tomado esta cruz, por amor a Jesús perseveremos en la cruz. Él será nuestro ayudador, quien fue nuestro Capitán y Precursor. He aquí que nuestro Rey entra delante de nosotros, y Él luchará por nosotros. Sigámosle valientemente, que nadie tema los terrores; estemos preparados para morir valientemente en la batalla, y no manchemos así nuestro honor(**6**), huyendo de la cruz.

(**1**) Juan xiv. **6**. (**2**) Juan viii. **32**. (**3**) Mateo xix. **17**, **21**. (**4**) Mateo x. **24**. (**5**) Juan xiv. **21**. (**6**) **1** Macabeos ix. **10**.

CAPÍTULO LVII: Que un hombre no debe abatirse demasiado cuando cae en algunas faltas

—Hijo Mío, la paciencia y la humildad en las adversidades me son más agradables que mucho consuelo y devoción en la prosperidad. ¿Por qué una pequeña cosa dicha en tu contra te entristece? Si hubiera sido más, aun así no deberías moverte. Pero ahora déjalo pasar; no es la primera vez, no es nuevo, y no será la última, si vives mucho tiempo. Eres bastante valiente, mientras ninguna adversidad te encuentre. También das buenos consejos, y sabes cómo fortalecer a otros con tus palabras; pero cuando la tribulación llama de repente a tu propia puerta, tu consejo y tu fuerza fallan. Considera tu gran fragilidad, que tan a menudo experimentas en asuntos triviales; sin embargo, para la salud de tu alma se hacen estas cosas cuando te suceden estas y otras semejantes.

2. —Apártalas de tu corazón lo mejor que puedas, y si la tribulación te ha tocado, que no te abata ni te enrede por mucho tiempo. Al menos, soporta pacientemente, si no puedes hacerlo gozosamente. Y aunque estés muy poco dispuesto a oírlo, y sientas indignación, sin embargo, contrólate, y no permitas que salga de tus labios ninguna palabra imprudente, por la cual los pequeños puedan ser ofendidos. Pronto la tormenta que se ha levantado se calmará, y el dolor interior será endulzado por la gracia que regresa. «Aún vivo», dice el Señor, «listo para ayudarte, y para darte más que la consolación acostumbrada si pones tu confianza en Mí, y me invocas devotamente».

3. —Ten un espíritu más tranquilo, y cíñete para una mayor resistencia. No todo está frustrado, aunque te encuentres muy a menudo afligido o gravemente tentado. Eres hombre, no Dios; eres carne, no un ángel. ¿Cómo podrías permanecer siempre en el mismo estado de virtud, cuando un ángel en el cielo cayó, y el primer hombre en el paraíso? Yo soy el que levanta a los afligidos a la salvación, y a los que conocen su propia flaqueza los elevo a mi propia naturaleza.

4. Oh Señor, bendita sea Tu palabra, más dulce a mi boca que la miel y el panal. ¿Qué haría yo en mis tan grandes tribulaciones y ansiedades, si no me consolaras con Tus santas palabras? Si tan solo pudiera alcanzar el puerto de la salvación, ¿qué importa qué cosas o cuántas sufra? Dame un buen fin, dame un feliz tránsito de este mundo. Acuérdate de mí, oh Dios mío, y guíame por el camino recto hacia Tu Reino. Amén.

CAPÍTULO LVIII: De asuntos más profundos, y de los juicios ocultos de Dios que no deben ser inquiridos

–Hijo Mío, guárdate de disputar sobre asuntos elevados y sobre los juicios ocultos de Dios; por qué este hombre es dejado así, y aquel es acogido con tanto favor; por qué también este hombre es tan grandemente afligido, y aquel tan altamente exaltado. Estas cosas sobrepasan todo poder de juicio humano, y ningún razonamiento o disputa puede tener el poder de escudriñar los juicios divinos. Cuando, por tanto, el enemigo te sugiera estas cosas, o cuando alguna gente curiosa haga tales preguntas, responde con esa palabra del Profeta: «Justo eres Tú, oh Señor, y verdadero es Tu juicio»(**1**), y con esta: «Los juicios del Señor son verdaderos, y justos en su totalidad»(**2**). Mis juicios deben ser temidos, no disputados, porque son incomprensibles para el entendimiento humano.

2. –Y no te dediques a inquirir o disputar sobre los méritos de los Santos, cuál es más santo que otro, o cuál es el mayor en el Reino de los Cielos. Tales cuestiones a menudo engendran contiendas y disputas inútiles; también alimentan el orgullo y la vanagloria, de donde surgen envidias y disensiones, mientras un hombre se esfuerza arrogantemente por exaltar a un Santo y otro a otro. Pero desear conocer y escudriñar tales cosas no produce ningún fruto, sino que más bien desagrada a los Santos; porque Yo no soy «el Dios de la confusión, sino de la paz»(**3**); la cual paz consiste más en la verdadera humildad que en la autoexaltación.

3. –Algunos son atraídos por el celo del amor a un mayor afecto por estos Santos o aquellos; pero esto es afecto humano más que divino. Yo soy el que hizo a todos los Santos; les di la gracia, les traje la gloria; conozco los méritos de cada uno; «los previne con las bendiciones de Mi bondad»(**4**). Preconocí a mis amados desde la eternidad, «los elegí del mundo»(**5**); ellos no me eligieron a Mí. Los llamé por Mi gracia, los atraje por Mi misericordia, los guié a través de diversas tentaciones. Derramé sobre ellos poderosas consolaciones, les di la perseverancia, coroné su paciencia.

4. –Reconozco al primero y al último; abrazo**1** a todos con un amor inestimable. Debo ser alabado en todos Mis Santos; debo ser bendecido por encima de todas las cosas, y ser honrado en cada uno a quien tan gloriosamente he exaltado y predestinado, sin ningún mérito precedente propio. El que, por tanto, desprecie a uno de los más pequeños de este Mi pueblo, no honra al grande; porque Yo hice «tanto al pequeño como al grande»(**6**). Y el que habla contra alguno de Mis Santos, habla contra Mí y contra todos los demás en el Reino de los Cielos.

–Todos son uno por el vínculo de la caridad; piensan lo mismo, quieren lo mismo, y todos están unidos en amor unos con otros.

5. –Pero aún (lo que es mucho mejor) me aman por encima de sí mismos y de sus propios méritos. Porque siendo arrebatados por encima de sí mismos, y arrastrados más allá del amor propio, van todos directamente al amor de Mí, y descansan en Mí en perfecto gozo. No hay nada que pueda apartarlos o abatirlos; porque estando llenos de la Verdad Eterna, arden con el fuego de una caridad inextinguible. Por tanto, que todos los hombres carnales y naturales guarden silencio sobre el estado de los Santos, porque no saben nada salvo amar su propio goce personal. Quitan y añaden según su propia inclinación, no como le place a la Verdad Eterna.

6. –En muchos hombres esto es ignorancia, principalmente en aquellos que, siendo poco iluminados, raramente aprenden a amar a alguien con perfecto amor espiritual. Todavía son muy atraídos por el afecto natural y la amistad humana hacia estos o aquellos; y como se estiman a sí mismos en asuntos inferiores, así también se forjan imaginaciones de las cosas celestiales. Pero hay una diferencia inconmensurable entre las cosas que ellos imaginan imperfectamente, y estas cosas que los hombres iluminados contemplan a través de la revelación sobrenatural.

7. –Ten cuidado, por tanto, Hijo mío, de no tratar con curiosidad las cosas que sobrepasan tu conocimiento, sino más bien haz de esto tu negocio y préstale atención, a saber, que busques ser hallado, aunque sea el más pequeño, en el Reino de Dios. Y aun si alguien supiera quiénes eran más santos que otros, o quiénes eran tenidos por mayores en el Reino de los Cielos; ¿de qué le aprovecharía ese conocimiento, si por este conocimiento no se humillara ante Mí, y se levantara para dar mayor alabanza a Mi nombre? El que considera cuán grandes son sus propios pecados, cuán pequeñas sus virtudes, y cuán lejos está de la perfección de los Santos, hace mucho más aceptablemente a los ojos de Dios, que el que disputa sobre su grandeza o pequeñez.

8. –Están completamente contentos, si los hombres aprendieran a estar contentos y a abstenerse de vanas palabrerías. No se glorían de sus propios méritos, viendo que no se atribuyen ningún bien a sí mismos, sino todo a Mí, viendo que Yo, por mi infinita caridad, les he dado todas las cosas. Están llenos de tan gran amor a la Divinidad, y de tan desbordante alegría, que no les falta ninguna gloria, ni puede faltarles ninguna felicidad. Todos los Santos, cuanto más altos son exaltados en gloria, más humildes son en sí mismos, y más cercanos y queridos son para Mí. Y así lo tienes escrito, que arrojaron sus coronas ante Dios y cayeron sobre sus rostros ante el Cordero, y adoraron al que vive por los siglos de los siglos(**7**).

9. –Muchos preguntan quién es el mayor en el Reino de los Cielos, que no saben si serán dignos de ser contados entre los más pequeños. Es una gran cosa ser incluso el más pequeño en el Cielo, donde todos son grandes, porque todos serán llamados, y serán, hijos de Dios. «El más pequeño se convertirá en un millar, pero el pecador de cien años será maldito». Porque cuando los discípulos preguntaron «quién sería el mayor en el Reino de los Cielos», no recibieron otra respuesta que esta: «Si no os convertís y os hacéis como niños, no entraréis en el Reino de los Cielos. Pero cualquiera que se humille como este niño, ese será el mayor en el Reino de los Cielos»(**8**).

10. ¡Ay de los que desdeñan humillarse voluntariamente con los niños pequeños;

porque la puerta baja del reino de los Cielos no les permitirá entrar! ¡Ay también de los que son ricos, que tienen aquí su consolación(**9**); porque mientras los pobres entran en el reino de Dios, ellos se quedarán lamentándose fuera! ¡Alegraos, humildes, y exultad, pobres, porque vuestro es el reino de Dios, si solo camináis en la verdad!

(**1**) Salmo cxix. **137**. (**2**) Salmo xix. **9**. (**3**) **1** Corintios xiv. **33**. (**4**) Salmo xxi. **3**. (**5**) Juan xv. **19**. (**6**) Sabiduría vi. **7**. (**7**) Apocalipsis iv. **10**; v. **14**. (**8**) Mateo xviii. **3**. (**9**) Lucas vi. **24**.

CAPÍTULO LIX: Que toda esperanza y confianza deben fijarse solo en Dios

Oh Señor, ¿cuál es mi confianza que tengo en esta vida, o cuál es mi mayor consuelo de todas las cosas que se ven bajo el Cielo? ¿No eres Tú, oh Señor mi Dios, cuyas misericordias son sin número? ¿Dónde me ha ido bien sin Ti? ¿O cuándo podría irme mal mientras Tú estabas cerca? Preferiría ser pobre por Tu causa, que rico sin Ti. Elijo más bien ser un peregrino sobre la tierra contigo que sin Ti poseer el cielo. Donde Tú estás, allí está el cielo; y donde Tú no estás, he allí la muerte y el infierno. Tú eres todo mi deseo, y por tanto debo gemir y clamar y orar fervientemente por Ti. En resumen, no puedo confiar plenamente en nadie para que me dé pronta ayuda en las necesidades, salvo solo en Ti, oh mi Dios. Tú eres mi esperanza, Tú eres mi confianza, Tú eres mi Consolador, y el más fiel en todas las cosas.

2. «Todos los hombres buscan lo suyo»(**1**); Tú promueves solo mi salvación y mi provecho, y vuelves todas las cosas para mi bien. Aun cuando me expones a diversas tentaciones y adversidades, todo esto lo ordenas para mi ventaja, porque acostumbras probar a Tus amados de mil maneras. En esta prueba no menos debes ser amado y alabado, que si me llenaras de consolaciones celestiales.

3. En Ti, por tanto, oh Señor Dios, pongo toda mi esperanza y mi refugio, sobre Ti pongo toda mi tribulación y angustia; porque encuentro que todo es débil e inestable todo lo que contemplo fuera de Ti. Porque muchos amigos no aprovecharán, ni fuertes ayudantes podrán socorrer, ni prudentes consejeros dar una respuesta útil, ni los libros de los sabios consolar, ni ninguna sustancia preciosa librar, ni ningún lugar secreto y hermoso dar refugio, si Tú mismo no asistes, ayudas, fortaleces, consuelas, instruyes, mantienes a salvo.

4. Porque todas las cosas que parecen pertenecer al logro de la paz y la felicidad no son nada cuando Tú estás ausente, y no traen ninguna felicidad en absoluto en realidad. Por tanto, Tú eres el fin de todo bien, y la plenitud de la Vida, y el alma de la elocuencia; y esperar en Ti por encima de todas las cosas es el consuelo más fuerte de Tus siervos. «Mis ojos miran hacia Ti»(**2**), en Ti está mi confianza, oh mi Dios, Padre de las misericordias.

5. Bendice y santifica mi alma con bendición celestial para que se convierta en Tu santa morada, y el asiento de Tu gloria eterna; y que no se encuentre nada en el Templo de Tu divinidad que pueda ofender los ojos de Tu majestad. Según la grandeza de Tu bondad y la multitud de Tus misericordias, mírame, y oye la oración de Tu pobre siervo, exiliado lejos de Ti en la tierra de la sombra de muerte. Protege y preserva el alma de Tu siervo más pequeño en medio de tantos peligros de la vida corruptible, y con Tu gracia acompañándome, dirígela por el camino de la paz hasta su hogar de luz perpetua. Amén.

(**1**) Filipenses ii. **21**. (**2**) Salmo cxli. **8**.

LIBRO CUARTO

Del Sacramento del Altar

Devota exhortación a la Sagrada Comunión

La Voz de Cristo

–«Venid a Mí, todos los que estáis trabajados y cargados, y Yo os haré descansar»(**1**), dice el Señor. «El pan que Yo daré es Mi carne, la cual Yo doy por la vida del mundo»(**2**). «Tomad, comed: este es Mi Cuerpo, que por vosotros es dado; haced esto en memoria de Mí»(**3**). «El que come Mi carne y bebe Mi sangre, en Mí permanece, y Yo en él». «Las palabras que Yo os he hablado son espíritu y son vida»(**4**).

(**1**) Mateo xi. **28**. (**2**) Juan vi. **51**. (**3**) Mateo xxvi. **26**; Lucas xxii. **19**. (**4**) Juan vi. **51**, **63**.

CAPÍTULO I: Con cuánta reverencia debe ser recibido Cristo

La Voz del Discípulo

Estas son Tus palabras, oh Cristo, Verdad Eterna; aunque no pronunciadas en un solo momento ni escritas juntas en un solo lugar de la Escritura. Porque, por tanto, son Tus palabras y verdaderas, debo recibirlas todas con gratitud y fidelidad. Son Tuyas, y Tú las has pronunciado; y son mías también, porque las dijiste para mi salvación. Con gusto las recibo de Tu boca, para que se implanten más profundamente en mi corazón. Palabras de tan gran gracia me despiertan, porque están llenas de dulzura y amor; pero mis propios pecados me aterran, y mi conciencia impura me aleja de recibir tan grandes misterios. La dulzura de Tus palabras me anima, pero la multitud de mis faltas me oprime.

2. Tú mandas que me acerque a Ti con firme confianza, si quiero tener parte contigo, y que reciba el alimento de la inmortalidad, si deseo obtener la vida eterna y la gloria. «Venid a Mí», dices, «todos los que estáis trabajados y cargados, y Yo os haré descansar». ¡Oh, dulce y amable palabra en el oído del pecador, que Tú, oh Señor mi Dios, invites a los pobres y necesitados a la Comunión de Tu santísimo cuerpo y sangre! Pero, ¿quién soy yo, oh Señor, para presumir de acercarme a Ti? He aquí que el cielo de los cielos no puede contenerte, y sin embargo dices: «Venid todos a Mí».

3. ¿Qué significa esta tan graciosa condescendencia, esta tan amable invitación? ¿Cómo me atreveré a venir, yo que no conozco nada bueno de mí mismo, de donde pudiera presumir? ¿Cómo te traeré a mi casa, viendo que tan a menudo he pecado ante Tu amantísima vista? Ángeles y Arcángeles tiemblan ante Ti, los Santos y los justos te temen, ¡y Tú dices: «Venid a Mí»! Si Tú, Señor, no lo hubieras dicho, ¿quién lo creería verdadero? Y si Tú no lo hubieras mandado, ¿quién intentaría acercarse?

4. He aquí, Noé, aquel hombre justo, trabajó cien años en la construcción del arca, para poder salvarse con los pocos; y yo, ¿cómo podré en una hora prepararme para recibir con reverencia al Constructor del mundo? Moisés, Tu siervo, Tu grande y especial amigo, hizo un arca de madera incorruptible, que también cubrió con oro purísimo, para guardar en ella las tablas de la ley, y yo, criatura corruptible, ¿me atreveré tan fácilmente a recibirte a Ti, el Hacedor de la Ley y el Dador de la vida? Salomón, el más sabio de los reyes de Israel, tardó siete años en construir su magnífico templo para alabanza de Tu Nombre, y durante ocho días celebró la fiesta de su dedicación, ofreció mil ofrendas de paz, y solemnemente llevó**2** el Arca de la Alianza al lugar preparado para ella, con sonido de trompetas y gran alegría, y yo, infeliz y el más pobre de los hombres, ¿cómo te traeré a mi casa, yo que apenas sé cómo pasar media hora en devoción? ¡Y ojalá fuera siquiera media hora dignamente empleada!

5. ¡Oh, Dios mío, con cuánto fervor se esforzaron estos santos hombres por agradarte! Y, ¡ay!, ¡qué poco y trivial es lo que yo hago! ¡Qué corto tiempo dedico, cuando me dispongo a la Comunión! Rara vez totalmente recogido, rarísimamente limpio de toda distracción. Y ciertamente en la presencia salvadora de Tu Divinidad no debe entrometerse ningún pensamiento indebido, ni ninguna criatura debe apoderarse de mí, porque no es un Ángel sino el Señor de los Ángeles a quien estoy a punto de recibir como mi Huésped.

6. Sin embargo, hay una vasta diferencia entre el Arca de la Alianza con sus reliquias, y Tu purísimo Cuerpo con sus inefables virtudes, entre aquellos sacrificios de la ley, que eran figuras de las cosas por venir, y el verdadero sacrificio de Tu Cuerpo, la consumación de todos los antiguos sacrificios.

7. ¿Por qué, entonces, no anhelo más ardientemente Tu adorable presencia? ¿Por qué no me preparo con mayor solicitud para recibir Tus cosas santas, cuando aquellos santos Patriarcas y Profetas de antaño, reyes también y príncipes, con todo el pueblo, manifestaron tan gran afecto de devoción hacia Tu Divino Servicio?

8. El devotísimo rey David danzó con todas sus fuerzas ante el Arca de Dios, recordando los beneficios concedidos a sus antepasados en días pasados; fabricó instrumentos musicales de diversos tipos, compuso Salmos, y dispuso que se cantaran con alegría, también tocó él mismo muchas veces el arpa, inspirado por la gracia del Espíritu Santo; enseñó al pueblo de Israel a alabar a Dios con todo el corazón, y con unidad de voz a bendecirlo y alabarlo cada día. Si entonces se ejercía tan gran devoción, y se llevaba a cabo la celebración de la alabanza divina ante el Arca del Testimonio, ¡cuánta reverencia y devoción deberíamos mostrar ahora yo y todo el pueblo cristiano al administrar el Sacramento, al recibir el preciosísimo Cuerpo y Sangre de Cristo!

9. Muchos corren a diversos lugares para visitar los memoriales de los Santos difuntos, y se regocijan de oír sus hazañas y de contemplar los hermosos edificios de sus santuarios. Y he aquí, Tú estás presente aquí conmigo, oh Dios mío, Santo de los Santos, Creador de los hombres y Señor de los Ángeles. A menudo, al mirar esos memoriales, los hombres son movidos por la curiosidad y la novedad, y muy poco fruto de enmienda se llevan, especialmente cuando hay tanta ligereza descuidada y tan poca contrición verdadera. Pero aquí, en el Sacramento del Altar, Tú estás presente enteramente, Dios mío, el Hombre Cristo Jesús; donde también se da abundante fruto de vida eterna a todo aquel que te recibe digna y devotamente. Pero a esto no atrae ninguna ligereza, ni curiosidad, ni sensualidad, solo una fe firme, una esperanza devota y una caridad sincera.

10. ¡Oh Dios, Creador invisible del mundo, cuán maravillosamente obras con nosotros, cuán dulce y graciosamente tratas a Tus elegidos, a quienes te ofreces para ser recibido en este Sacramento! Porque esto sobrepasa todo entendimiento, esto atrae especialmente los corazones de los devotos y enciende sus afectos. Porque incluso tus verdaderos fieles mismos, que ordenan toda su vida a la enmienda, a menudo obtienen de este excelentísimo Sacramento gran gracia de devoción y amor a la virtud.

11. ¡Oh admirable y oculta gracia del Sacramento, que solo los fieles de Cristo conocen, pero los infieles y los que sirven al pecado no pueden experimentar! En este Sacramento se confiere la gracia espiritual, y se recupera la virtud perdida en el alma, y la belleza que fue desfigurada por el pecado regresa de nuevo. Tan grande es a veces esta gracia que, de la plenitud de la devoción dada, no solo la mente sino también el cuerpo débil siente que se le suministra más fuerza.

12. Pero debemos lamentar y llorar grandemente por nuestra tibieza y negligencia, por no ser atraídos con mayor afecto a participar de Cristo, en quien consiste toda la esperanza y el mérito de los que han de salvarse. Porque Él mismo es nuestra santificación y redención(**1**). Él es la consolación de los peregrinos y la fruición eterna de los Santos. Por tanto, es de lamentar gravemente que muchos consideren tan poco este misterio saludable, que alegra al cielo y preserva al mundo entero. ¡Ay de la ceguera y dureza del corazón del hombre, que no considera más este don inefable, e incluso se desliza, por el uso diario, hacia la negligencia!

13. Porque si este santísimo Sacramento se celebrara en un solo lugar, y fuera consagrado solo por un sacerdote en todo el mundo, ¡con qué gran deseo, piensas, se verían afectados los hombres hacia ese lugar y hacia tal sacerdote de Dios, para poder contemplar los divinos misterios celebrados! Pero ahora muchos hombres son hechos sacerdotes y en muchos lugares se celebra el Sacramento, para que la gracia y el amor de Dios hacia los hombres aparezcan más, cuanto más ampliamente se difunda la Sagrada Comunión por todo el mundo. Gracias a Ti, oh buen Jesús, Pastor Eterno, que te has dignado refrescarnos a nosotros, pobres y exiliados, con Tu precioso Cuerpo y Sangre, e invitarnos a participar de estos santos misterios por la invitación de Tu propia boca, diciendo: «Venid a Mí, los que estáis trabajados y cargados, y Yo os haré descansar».

(**1**) **1** Corintios i. **30**.

CAPÍTULO II: Que la grandeza y la caridad de Dios se muestran a los hombres en el Sacramento

La Voz del Discípulo

Confiando en Tu bondad y gran misericordia, oh Señor, me acerco, el enfermo al Sanador, el hambriento y sediento a la Fuente de la vida, el pobre al Rey del cielo, el siervo al Señor, la criatura al Creador, el desolado a mi propio y gentil Consolador. Pero, ¿de dónde a mí esto, que vengas a mí? ¿Quién soy yo para que te ofrezcas a mí? ¿Cómo se atreve un pecador a aparecer ante Ti? ¿Y cómo te dignas venir al pecador? Tú conoces a Tu siervo, y sabes que no tiene en él nada bueno por lo cual debas concederle esta gracia. Confieso, por tanto, mi propia vileza, reconozco Tu bondad, alabo Tu ternura, y te doy gracias por Tu amor sobremanera grande. Porque haces esto por Ti mismo, no por mis méritos, para que Tu bondad se manifieste más en mí, Tu caridad se derrame más abundantemente sobre mí, y Tu humildad sea más perfectamente encomendada a mí. Por tanto, porque esto te agrada y has mandado que así sea, Tu condescendencia me agrada también a mí; y ¡ojalá mi iniquidad no lo impida!

2. ¡Oh dulcísimo y tierno Jesús! ¿Qué reverencia, qué acción de gracias te son debidas con alabanza perpetua por la recepción de Tu sagrado Cuerpo y Sangre, cuya dignidad ningún hombre es capaz de expresar? Pero, ¿en qué pensaré en esta Comunión al acercarme a mi Señor, a quien no soy capaz de honrar dignamente, y a quien, sin embargo, anhelo recibir devotamente? ¿Qué meditación será para mí mejor y más saludable que la humillación total de mí mismo ante Ti, y la exaltación de Tu infinita bondad hacia mí? Te alabo, oh Dios mío, y te exalto por siempre. Me desprecio a mí mismo, y me arrojo ante Ti en el abismo de mi vileza.

3. He aquí, Tú eres el Santo de los santos y yo la escoria de los pecadores; he aquí, te inclinas hacia mí, que no soy digno de mirarte; he aquí, vienes a mí, quieres estar conmigo, me invitas a Tu banquete. Quieres darme el alimento celestial y el pan de los ángeles para comer; ningún otro, en verdad, que Tú mismo, «el pan vivo, que descendió del cielo; y da vida al mundo»(**1**).

4. ¡He aquí, de dónde procede este amor! ¡Qué clase de condescendencia resplandece aquí! ¡Qué gran acción de gracias y alabanza te son debidas por estos beneficios! ¡Oh, cuán saludable y provechoso fue Tu propósito cuando ordenaste esto! ¡Cuán dulce y placentero el banquete cuando te diste a Ti mismo por alimento! ¡Oh, cuán admirable es tu obra, oh Señor, cuán poderosa Tu fuerza, cuán inefable Tu verdad! Porque Tú dijiste la palabra, y todas las cosas fueron hechas; y esto se hace, lo que Tú has mandado.

5. Cosa maravillosa, y digna de fe, y que sobrepasa todo entendimiento humano, que Tú, oh Señor mi Dios, verdadero Dios y verdadero hombre, te des enteramente a nosotros en un poco de pan y vino, y seas así nuestro alimento inagotable. Tú, oh Señor de todo, que no tienes necesidad de nada, has querido habitar en nosotros a través de Tu Sacramento. Preserva mi corazón y mi cuerpo sin mancha, para que con una conciencia gozosa y pura pueda muy a menudo celebrar, y recibir para mi salud perpetua, Tus misterios, que has consagrado e instituido tanto para Tu propio honor, como para un memorial perpetuo.

6. Regocíjate, oh alma mía, y da gracias a Dios por tan gran don y preciosa consolación, dejada a ti en este valle de lágrimas. Porque tan a menudo como recuerdas este misterio y recibes el cuerpo de Cristo, tan a menudo celebras la obra de tu redención, y te haces partícipe de todos los méritos de Cristo. Porque la caridad de Cristo nunca disminuye, y la grandeza de Su propiciación nunca se agota. Por tanto, con una renovación continua de tu espíritu, debes disponerte a esto y sopesar el gran misterio de la salvación con atenta consideración. Tan grande, nuevo y gozoso debe parecerte cuando vienes a la comunión, como si en este mismo día Cristo por primera vez descendiera al vientre de la Virgen y se hiciera hombre, o colgara en la cruz, sufriendo y muriendo por la salvación de la humanidad.

(**1**) Juan vi. **51**. (**2**) Las palabras entre corchetes son solo adecuadas para un sacerdote.

CAPÍTULO III: Que es provechoso comulgar a menudo

La Voz del Discípulo

He aquí que vengo a Ti, oh Señor, para ser bendecido por Tu don, y alegrarme en Tu santo banquete que Tú, oh Dios, en Tu bondad has preparado para los pobres(**1**). He aquí que en Ti está todo lo que puedo y debo desear, Tú eres mi salvación y redención, mi esperanza y fuerza, mi honor y gloria. Por tanto, alegra hoy el alma de Tu siervo, porque a Ti, oh Señor Jesús, elevo mi alma(**2**). Anhelo ahora recibirte devota y reverentemente, deseo traerte a mi casa, para que con Zaqueo sea contado digno de ser bendecido por Ti y contado entre los hijos de Abraham. Mi alma tiene un ardiente deseo de Tu Cuerpo, mi corazón anhela unirse a Ti.

2. Dame a Ti mismo y basta, porque fuera de Ti ninguna consolación aprovecha. Sin Ti no puedo ser, y sin Tu visitación no tengo poder para vivir. Y por tanto, debo necesariamente acercarme a Ti a menudo, y recibirte para la sanación de mi alma, no sea que acaso desfallezca en el camino si soy privado del alimento celestial. Porque así Tú, misericordiosísimo Jesús, predicando a la gente y sanando a muchos enfermos, dijiste una vez: «No quiero despedirlos en ayunas a sus casas, no sea que desfallezcan en el camino»(**3**). Obra, por tanto, ahora conmigo de igual manera, porque te dejaste a Ti mismo para la consolación de los fieles en el Sacramento. Porque Tú eres el dulce refrigerio del alma, y el que te coma dignamente será partícipe y heredero de la gloria eterna. Necesario en verdad es para mí, que tan a menudo retrocedo y peco, tan rápidamente me enfrío y desfallezco, renovarme, limpiarme, encenderme con frecuentes oraciones y penitencias y recibiendo Tu sagrado Cuerpo y Sangre, no sea que acaso por una abstinencia demasiado larga, me quede corto en mis santas resoluciones.

3. Porque «los pensamientos del corazón del hombre son malos desde su juventud»(**4**), y a menos que la medicina divina lo socorra, el hombre se desliza continuamente hacia lo peor. La Sagrada Comunión, por tanto, nos aparta del mal y nos fortalece para el bien. Porque si ahora soy tan negligente y tibio cuando comulgo [o celebro], ¿cómo sería de mí, si no recibiera esta medicina, y no buscara una ayuda tan grande? [Y aunque no todos los días estoy apto ni bien preparado para celebrar, sin embargo, prestaré diligente atención en el tiempo debido, para recibir los divinos misterios, y hacerme partícipe de tan gran gracia]. Porque esta es la única consolación principal de un alma fiel, mientras está ausente de Ti en cuerpo mortal, que, recordando continuamente a su Dios, recibe a su Amado con espíritu devoto.

4. ¡Oh maravillosa condescendencia de Tu piedad que nos rodea, que Tú, oh Señor Dios, Creador y Vivificador de todos los espíritus, te dignes venir a un alma tan pobre y débil, y apaciguar su hambre con toda Tu Deidad y Humanidad! ¡Oh mente feliz y alma bienaventurada, a la que se le concede recibirte devotamente a Ti, su Señor Dios, y al recibirte ser llenada de toda alegría espiritual! ¡Oh, qué gran Señor acoge, qué amado Huésped introduce, qué delicioso Compañero recibe, qué fiel Amigo da la bienvenida, qué hermoso y exaltado Esposo, por encima de todo otro Amado, abraza, Uno que debe ser amado por encima de todas las cosas que pueden ser deseadas! ¡Oh mi dulcísimo Amado, que el cielo y la tierra y toda su gloria callen en Tu presencia; viendo que cualquier alabanza y belleza que tengan es por Tu generosa bondad; y nunca alcanzarán la hermosura de Tu Nombre, cuya Sabiduría es infinita!(**5**).

(**1**) Salmo lxviii. **10**. (**2**) Salmo lxxxvi. **4**. (**3**) Mateo xv. **32**. (**4**) Génesis viii. **21**. (**5**) Salmo cxlvii. **5**.

CAPÍTULO IV: Que muchos bienes se conceden a los que comulgan devotamente

La Voz del Discípulo

Oh Señor mi Dios, anticipa a Tu siervo con las bendiciones de Tu dulzura, para que pueda acercarme digna y devotamente a Tu glorioso Sacramento. Despierta mi corazón hacia Ti, y líbrame del pesado sueño. Visítame con Tu salvación para que pueda gustar en espíritu Tu dulzura, que abundantemente yace oculta en este Sacramento como en una fuente. Ilumina también mis ojos para contemplar este tan grande misterio, y fortaléceme para que lo crea con fe indubitable. Porque es Tu palabra, no poder humano; es Tu santa institución, no la invención del hombre. Porque ningún hombre se encuentra apto en sí mismo para recibir y entender estas cosas, que trascienden incluso la sabiduría de los Ángeles. ¿Qué porción, pues, podré yo, pecador indigno, que no soy más que polvo y ceniza, escudriñar y comprender de tan profundo Sacramento?

2. Oh Señor, en la sencillez de mi corazón, con buena y firme fe, y según Tu voluntad, me acerco a Ti con esperanza y reverencia, y creo verdaderamente que estás aquí presente en el Sacramento, Dios y hombre. Tú quieres, por tanto, que yo te reciba y me una a Ti en caridad. Por lo cual suplico Tu misericordia, e imploro que me des Tu gracia especial, a este fin, para que pueda disolverme por completo y desbordarme de amor hacia Ti, y no permita más que ninguna otra consolación entre en mí. Porque este altísimo y gloriosísimo Sacramento es la salud del alma y del cuerpo, la medicina de toda enfermedad espiritual, por la cual soy sanado de mis pecados, mis pasiones son refrenadas, las tentaciones son vencidas o debilitadas, más gracia se infunde en mí, la virtud comenzada se incrementa, la fe se afirma, la esperanza se fortalece, y la caridad se enciende y se ensancha.

3. Porque en este Sacramento has concedido muchos bienes y todavía los concedes continuamente a Tus elegidos que comulgan devotamente, oh Dios mío, Sostén de mi alma, Reparador de la flaqueza humana, y Dador de toda consolación interior. Porque Tú derramas en ellos mucha consolación contra toda suerte de tribulación, y desde lo profundo de su propia miseria los levantas a la esperanza de Tu protección, y con gracia siempre nueva, los refrescas e iluminas interiormente; de modo que los que se sentían ansiosos y sin afecto antes de la Comunión, después, refrescados con alimento y bebida celestiales, se encuentran cambiados para mejor. Y de tal manera tratas separadamente a Tus elegidos, para que reconozcan verdaderamente y comprueben claramente que no tienen absolutamente nada propio, y que la bondad y la gracia que les llegan vienen de Ti; porque siendo en sí mismos fríos, duros de corazón, sin devoción, por Ti se vuelven fervientes, celosos y devotos. Porque, ¿quién hay que, viniendo humildemente a la fuente de la dulzura, no se lleve de allí al menos un poco de esa dulzura? ¿O quién, estando junto a un gran fuego, no siente de allí un poco de su calor? Y Tú eres siempre una fuente llena y desbordante, un fuego que arde continuamente y nunca se apaga.

4. Por lo cual, si no se me permite sacar de la plenitud de la fuente, ni beber hasta la saciedad, sin embargo, pondré mis labios en la boca del conducto celestial, para que al menos pueda recibir una pequeña gota para saciar mi sed, para no secarme por dentro. Y si todavía no soy capaz de ser completamente celestial y tan encendido como los Querubines y Serafines, sin embargo, me esforzaré por entregarme a la devoción y preparar mi corazón, para poder obtener, aunque sea una pequeña llama del fuego divino, a través de la humilde recepción del Sacramento vivificante. Pero todo lo que me falte, oh misericordioso Jesús, Santísimo Salvador, súplelo Tú con Tu bondad y gracia, que te has dignado llamar a todos a Ti, diciendo: «Venid a mí, todos los que estáis cansados y agobiados, y yo os haré descansar».

5. Yo, en verdad, trabajo con el sudor de mi frente, soy atormentado por el dolor del corazón, estoy cargado de pecados, estoy inquieto por las tentaciones, estoy enredado y oprimido por muchas pasiones, y no hay nadie que me ayude, no hay nadie que me libre y alivie, sino Tú, oh Señor Dios, mi Salvador, a quien me encomiendo a mí mismo y a todas mis cosas, para que me preserves y me conduzcas a la vida eterna.

Recíbeme para la alabanza y gloria de Tu nombre, que has preparado Tu Cuerpo y Sangre para ser mi comida y bebida. Concede, oh Señor Dios, mi Salvador, que al acercarme a menudo a Tus misterios, aumente el celo de mi devoción.

CAPÍTULO V: De la dignidad de este Sacramento y del oficio del sacerdote

La Voz del Amado

–Si tuvieras pureza angélica y la santidad de San Juan Bautista, no serías digno de recibir o administrar este Sacramento. Porque no se merece por mérito del hombre que un hombre consagre y administre el Sacramento de Cristo, y tome por alimento el pan de los Ángeles. Vasto es el misterio, y grande la dignidad de los sacerdotes, a quienes se da lo que no se concede a los Ángeles. Porque solo los sacerdotes, debidamente ordenados en la iglesia, tienen el poder de consagrar y celebrar el Cuerpo de Cristo. El sacerdote, en verdad, es el ministro de Dios, usando la Palabra de Dios por mandato e institución de Dios; sin embargo, Dios es allí el Autor principal y el Obrero invisible, Aquel a quien todo lo que Él quiere está sujeto, y todo lo que Él manda es obedecido.

2. –Por tanto, debes creer en Dios Todopoderoso en este excelentísimo Sacramento, más que en tu propio sentido o en cualquier signo visible. Y por tanto, con temor y reverencia debe abordarse esta obra. Ten cuidado, pues, y mira qué es aquello cuyo ministerio se te ha encomendado por la imposición de la mano del Obispo. He aquí que eres hecho sacerdote y estás consagrado para celebrar. Procura ahora hacerlo ante Dios fiel y devotamente en el tiempo debido, y muéstrate sin culpa. No has aligerado tu carga, sino que ahora estás atado con un vínculo más estrecho de disciplina, y estás comprometido a un grado más alto de santidad. Un sacerdote debe estar adornado con todas las virtudes y ofrecer a los demás un ejemplo de buena vida. Su conversación no debe ser con las formas populares y comunes de los hombres, sino con los Ángeles en el Cielo o con los hombres perfectos en la tierra.

3. –Un sacerdote vestido con vestiduras sagradas ocupa el lugar de Cristo para orar a Dios con toda súplica y humildad por sí mismo y por todo el pueblo. Debe recordar siempre la Pasión de Cristo. Debe mirar diligentemente las huellas de Cristo y esforzarse fervientemente por seguirlas. Debe soportar mansamente por Dios todos los males que otros le inflijan. Debe llorar por sus propios pecados y por los pecados cometidos por otros, y no puede descuidar la oración y la santa oblación, hasta que prevalezca para obtener la gracia y la misericordia. Cuando el sacerdote celebra, honra a Dios, da alegría a los Ángeles, edifica la Iglesia, ayuda a los vivos, tiene comunión con los difuntos, y se hace partícipe de todos los bienes.

CAPÍTULO VI: Investigación sobre la preparación para la Comunión

La Voz del Discípulo

Cuando considero Tu dignidad, oh Señor, y mi propia vileza, tiemblo sobremanera y me confundo dentro de mí. Porque si no me acerco, huyo de la vida; y si me introduzco indignamente, incurro en Tu desagrado. ¿Qué haré entonces, oh Dios mío, Tú, mi ayudador y Consejero en las necesidades?

2. –Enséñame el camino recto; proponme algún breve ejercicio apropiado para la Sagrada Comunión. Porque es provechoso saber cómo debo preparar mi corazón devota y reverentemente para Ti, con la intención de que pueda recibir Tu Sacramento para la salud de mi alma [o también para la celebración de este tan grande y divino misterio].

CAPÍTULO VII: Del examen de conciencia y propósito de enmienda

La Voz del Amado

–Por encima de todas las cosas, el sacerdote de Dios debe acercarse, con toda humildad de corazón y reverencia suplicante, con fe plena y piadoso deseo del honor de Dios, para celebrar, administrar y recibir este Sacramento. Examina diligentemente tu conciencia y con todas tus fuerzas, con verdadera contrición y humilde confesión, límpiala y purifícala, de modo que no sientas ninguna carga, ni sepas nada que te traiga remordimiento e impida tu libre acercamiento. Ten desagrado contra todos tus pecados en general, y especialmente aflígete y llora por tus transgresiones diarias. Y si tienes tiempo, confiesa a Dios en el secreto de tu corazón, todas las miserias de tu propia pasión.

2. –Lamenta gravemente y arrepiéntete, porque todavía eres tan carnal y mundano, tan poco mortificado de tus pasiones, tan lleno del movimiento de la concupiscencia, tan descuidado en tus sentidos externos, tan a menudo enredado en muchas fantasías vanas, tan inclinado a las cosas externas, tan negligente de las internas; tan pronto a la risa y a la disolución, tan poco dispuesto al llanto y a la contrición; tan propenso a la comodidad y a la indulgencia de la carne, tan torpe para el celo y el fervor; tan curioso por oír novedades y contemplar bellezas, tan reacio a abrazar las cosas humildes y despreciadas; tan deseoso de tener muchas cosas, tan mezquino en dar, tan cerrado en guardar; tan inconsiderado en hablar, tan reacio a guardar silencio;

tan desordenado en las costumbres, tan inconsiderado en las acciones; tan ávido de comida, tan sordo a la Palabra de Dios; tan ávido de descanso, tan lento para el trabajo; tan atento a los cuentos, tan somnoliento ante las santas vigilias; tan ansioso por su fin, tan errante en la atención a ellas; tan negligente en observar las horas de oración, tan tibio en celebrar, tan infructuoso en comulgar; tan rápidamente distraído, tan raramente recogido por completo contigo mismo; tan rápidamente movido a la ira, tan listo para el desagrado con los demás; tan propenso a juzgar, tan severo al reprender; tan alegre en la prosperidad, tan débil en la adversidad; tan a menudo haciendo muchas buenas resoluciones y llevándolas a tan poco efecto.

3. —Cuando hayas confesado y lamentado estas y tus otras deficiencias, con dolor y profundo desagrado por tu propia flaqueza, haz entonces una firme resolución de enmienda continua de vida y de progreso en todo lo que es bueno. Luego, además, con plena resignación y entera voluntad, ofrécete al honor de Mi nombre sobre el altar de tu corazón como un perpetuo holocausto, presentando fielmente tu cuerpo y tu alma ante Mí, a fin de que puedas ser considerado digno de acercarte a ofrecer este sacrificio de alabanza y acción de gracias a Dios, y de recibir el Sacramento de Mi Cuerpo y Sangre para la salud de tu alma. Porque no hay oblación más digna, ni satisfacción mayor para destruir el pecado, que la de un hombre que se ofrece a Dios pura y enteramente con la oblación del Cuerpo y la Sangre de Cristo en la Sagrada Comunión. Si un hombre hace lo que está en su mano, y se arrepiente verdaderamente, entonces, cuantas veces se acerque a Mí para pedir perdón y gracia, «Vivo yo», dice el Señor, «que no me complazco en la muerte del pecador, sino en que se convierta y viva. Todas sus transgresiones que ha cometido, no se le recordarán»(**1**).

(**1**) Ezequiel xviii. **22**, **23**.

CAPÍTULO VIII: De la oblación de Cristo en la cruz y de la resignación de sí mismo

La Voz del Amado

—Así como Yo por mi propia voluntad me ofrecí a Dios Padre en la Cruz por tus pecados con las manos extendidas y el cuerpo desnudo, de modo que nada quedó en Mí que no se convirtiera por completo en un sacrificio para la propiciación Divina; así también debes tú cada día ofrecerte voluntariamente a Mí como una oblación pura y santa con todas tus fuerzas y afectos, hasta las últimas potencias de tu corazón. ¿Qué más requiero de ti sino que te esfuerces en resignarte por completo a Mí? Cualquier cosa que des aparte de ti mismo, no me importa nada, porque no pido tu don, sino a ti.

2. —Así como no te bastaría si tuvieras todas las cosas excepto a Mí, así también cualquier cosa que me des, si no te das a ti mismo, no puede complacerme. Ofrécete a Mí, y date por completo a Dios, y así tu ofrenda será aceptada. He aquí que me ofrecí por completo al Padre por ti, doy también todo Mi cuerpo y sangre como alimento, para que permanezcas por completo Mío y Yo tuyo. Pero si te apoyas en ti mismo, y no te ofreces libremente a Mi voluntad, tu ofrenda no es perfecta, ni la unión entre nosotros será completa. Por tanto, la ofrenda voluntaria de ti mismo en las manos de Dios debe preceder a todas tus obras, si quieres alcanzar la libertad la gracia. Porque esta es la causa de que tan pocos sean interiormente iluminados y liberados, que no saben negarse a sí mismos enteramente. Mi palabra permanece segura: «Si alguno no renuncia a todo lo que posee, no puede ser mi discípulo»(**1**). Tú, por tanto, si quieres ser Mi discípulo, ofrécete a Mí con todos tus afectos.

(**1**) Lucas xiv. **33**.

CAPÍTULO IX: Que debemos ofrecernos a nosotros mismos y todo lo nuestro a Dios, y orar por todos

La Voz del Discípulo

Señor, todo lo que hay en el cielo y en la tierra es Tuyo(**1**). Deseo ofrecerme a Ti como una ofrenda voluntaria, y permanecer Tuyo para siempre. Señor, en la rectitud de mi corazón te ofrezco voluntariamente(**2**) a mí mismo hoy para ser Tu siervo para siempre, en humilde sumisión y como un sacrificio de alabanza perpetua. Recíbeme con esta santa Comunión de Tu precioso Cuerpo, que celebro ante Ti este día en presencia de los Ángeles que me rodean invisiblemente, para que sea para la salvación mía y de todo Tu pueblo.

2. Señor, pongo ante Ti en esta celebración todos mis pecados y ofensas que he cometido ante Ti y Tus santos Ángeles, desde el día en que fui capaz de pecar por primera vez hasta esta hora; para que los consumas y quemes todos con el fuego de Tu caridad, y borres todas las manchas de mis pecados, y limpies mi conciencia de toda ofensa, y me restaures a Tu favor que por pecar he perdido, perdonándome plenamente todo, y admitiéndome misericordiosamente al beso de la paz.

3. ¿Qué puedo hacer con respecto a mis pecados, sino confesarlos y lamentarlos humildemente e incesantemente suplicar Tu propiciación? Te suplico, sé propicio a mí y escúchame, cuando estoy ante Ti, oh Dios mío. Todos mis pecados me desagradan gravemente; no los cometeré nunca más; pero me duelo por ellos y me doleré mientras viva, proponiéndome firmemente arrepentirme de verdad y hacer restitución en la medida de lo posible. Perdona, oh Dios, perdóname mis pecados por Tu santo Nombre; salva mi alma, que has redimido con Tu preciosa sangre. He aquí que me encomiendo a Tu misericordia, me resigno a Tus manos. Trátame según Tu bondad amorosa, no según mi maldad e iniquidad.

4. Te ofrezco también a Ti toda mi bondad, aunque es sobremanera pequeña e imperfecta, para que la enmiendes y santifiques, para que la hagas agradable y aceptable a Tu vista, y la lleves siempre hacia la perfección; y además, me lleves a salvo, criatura perezosa e inútil que soy, a un final feliz bienaventurado.

5. Además, te ofrezco a Ti todos los piadosos deseos de los devotos, las necesidades de los padres, amigos, hermanos, hermanas, y todos los que me son queridos, y de aquellos que me han hecho bien a mí o a otros por Tu amor; y aquellos que han deseado y suplicado mis oraciones por sí mismos y por todos los suyos; para que todos se sientan asistidos por Tu gracia, enriquecidos por la consolación, protegidos de los peligros, liberados de los dolores; y que, siendo librados de todos los males, puedan darte con alegría gracias sobremaneras.

6. Te ofrezco también oraciones e intercesiones sacramentales por aquellos especialmente que me han injuriado en algo, me han entristecido, o han hablado mal de mí, o me han causado alguna pérdida o disgusto; por todos aquellos también a quienes en algún momento he entristecido, perturbado, agobiado y escandalizado, con palabras o hechos, a sabiendas o ignorantemente; para que a todos nosotros por igual, nos perdones igualmente nuestros pecados y ofensas mutuas. Quita, oh Señor, de nuestros corazones toda sospecha, indignación, ira y contienda, y todo lo que pueda dañar la caridad y disminuir el amor fraterno. Ten misericordia, ten misericordia, Señor, de los que suplican Tu misericordia; da gracia a los necesitados; y haznos tales que seamos dignos de gozar de Tu gracia, y avancemos hacia la vida eterna. Amén.

(**1**) **1** Crónicas xxix. **11**. (**2**) **1** Crónicas xxix. **17**.

CAPÍTULO X: Que la Sagrada Comunión no debe omitirse a la ligera

La Voz del Amado

–Debes recurrir frecuentemente a la Fuente de la gracia y de la misericordia divina, a la Fuente de la bondad y de toda pureza; a fin de que obtengas la sanación de tus pasiones y vicios, y te hagas más fuerte y más vigilante contra todas las tentaciones y astucias del diablo. El enemigo, conociendo el provecho y el remedio sobremanera fuerte que yace en la Sagrada Comunión, se esfuerza por todos los medios y ocasiones en apartar y obstaculizar a los fieles y devotos, en la medida de lo posible.

2. –Porque cuando algunos se disponen a prepararse para la Sagrada Comunión, sufren las peores sugestiones de Satanás. El mismo espíritu maligno (como está escrito en Job), viene entre los hijos de Dios para turbarlos con su acostumbrada maldad, o para hacerlos demasiado tímidos y perplejos; con la intención de que disminuya sus afectos, o les quite la fe con sus ataques, por si acaso puede prevalecer sobre ellos para que renuncien por completo a la Sagrada Comunión, o para que acudan a ella con corazones tibios. Pero sus astucias y engaños no deben ser atendidos, por muy perversos y terribles que sean; sino que todo su engaño debe ser arrojado sobre su propia cabeza. El miserable debe ser despreciado y escarnecido; y no debe omitirse la Sagrada Comunión por sus insultos y las turbaciones internas que suscita.

3. –A menudo también, un exceso de escrupulosidad o alguna ansiedad u otra cosa relacionada con la confesión impide obtener la devoción. Actúa según el consejo de los sabios, y deja a un lado la ansiedad y el escrúpulo, porque impiden la gracia de Dios y destruyen la devoción de la mente. Por alguna pequeña vejación o problema no descuides la Sagrada Comunión, sino más bien apresúrate a confesarlo, y perdona libremente todas las ofensas cometidas contra ti. Y si has ofendido a algún hombre, pide humildemente perdón, y Dios te perdonará libremente.

4. –¿Qué provecho hay en posponer por mucho tiempo la confesión de tus pecados, o en diferir la Sagrada Comunión? Límpiate enseguida, escupe el veneno con toda rapidez, apresúrate a tomar el remedio, y te sentirás mejor que si lo difirieras mucho tiempo. Si hoy lo difieres por una razón, mañana quizás vendrá un obstáculo mayor, y así podrás estar mucho tiempo impedido de la Comunión y volverte más inepto. Tan pronto como puedas, sacúdete de tu presente pesadez y pereza, porque de nada aprovecha estar mucho tiempo ansioso, andar mucho tiempo con pesadumbre de corazón, y a causa de pequeños obstáculos diarios separarte de las cosas divinas; no, es sobremanera perjudicial diferir mucho tiempo tu Comunión, porque esto comúnmente trae consigo un gran letargo. ¡Ay!, hay algunos, tibios e indisciplinados, que de buen grado encuentran excusas para retrasar el arrepentimiento, y desean diferir la Sagrada Comunión, para no estar obligados a vigilarse más estrictamente a sí mismos.

5. –¡Ay!, ¡qué poca caridad, qué lánguida devoción tienen los que tan a la ligera posponen la Sagrada Comunión! ¡Cuán feliz es él, cuán aceptable a Dios, el que así vive, y en tal pureza de conciencia se mantiene, que cualquier día podría estar listo y bien dispuesto para comulgar, si estuviera en su poder, y pudiera hacerse sin que los demás se dieran cuenta! Si un hombre a veces se abstiene por humildad o alguna causa justa, es de alabar por su reverencia. Pero si la somnolencia se ha apoderado de él, debe despertarse y hacer lo que está en su mano; y el Señor ayudará su deseo por la buena voluntad que tiene, la cual Dios aprueba especialmente.

6. –Pero cuando está impedido por una causa suficiente, sin embargo, siempre tendrá una buena voluntad y una piadosa intención de comulgar; y así no le faltará el fruto del Sacramento. Porque cualquier hombre devoto puede cada día y cada hora acercarse a la comunión espiritual con Cristo para la salud de su alma y sin impedimento. Sin embargo, en ciertos días y en el tiempo señalado debe recibir el Cuerpo y la Sangre de su Redentor con afectuosa reverencia, y buscar más la alabanza y el honor de Dios que su propio consuelo. Porque tantas veces comulga místicamente, y es invisiblemente refrescado, cuantas veces recuerda devotamente el misterio de la encarnación de Cristo y Su Pasión, y se inflama con el amor de Él.

7. –El que solo se prepara cuando se acerca una festividad o la costumbre lo obliga, con demasiada frecuencia estará sin preparación. ¡Bienaventurado el que se ofrece a Dios como un holocausto, tantas veces como celebra o comulga! No seas demasiado lento ni demasiado apresurado en tu celebración, sino conserva la buena costumbre recibida de aquellos con quienes vives. No debes producir cansancio y molestia en los demás, sino observar la costumbre recibida, según la institución de los mayores; y servir al provecho de los demás más que a tu propia devoción o sentimiento.

CAPÍTULO XI: Que el Cuerpo y la Sangre de Cristo y las Sagradas Escrituras son muy necesarios para un alma fiel

La Voz del Discípulo

¡Oh dulcísimo Señor Jesús, cuán grande es la bienaventuranza del alma devota que se alimenta contigo en Tu banquete, donde no se le presenta otro alimento que Tú mismo, su único Amado, más deseable que todos los deseos del corazón! Y a mí, en verdad, me sería dulce derramar mis lágrimas en Tu presencia desde lo más profundo de mi corazón, y con la piadosa Magdalena regar Tus pies con mis lágrimas. Pero, ¿dónde está esta devoción? ¿Dónde el abundante fluir de lágrimas santas? Ciertamente, en Tu presencia y en la presencia de los santos Ángeles, todo mi corazón debería arder y llorar de alegría; porque te tengo en el Sacramento verdaderamente presente, aunque oculto bajo otra forma.

2. –Porque en Tu propio resplandor Divino, mis ojos no podrían soportar contemplarte, ni el mundo entero podría resistir el esplendor de la gloria de Tu Majestad. En esto, por tanto, tienes consideración de mi debilidad, que te ocultas bajo el Sacramento. Yo en verdad poseo y adoro a Aquel a quien los Ángeles adoran en el cielo; yo, por un tiempo, por la fe, pero ellos por la vista y sin velo. Me conviene contentarme con la luz de la verdadera fe, y caminar en ella hasta que amanezca el día del brillo eterno, y las sombras de las figuras huyan(**1**). Pero cuando venga lo perfecto, cesará el uso de los Sacramentos, porque los Bienaventurados en la gloria celestial no necesitan remedio Sacramental. Porque se regocijan incesantemente en la presencia de Dios, contemplando Su gloria cara a cara, y «siendo transformados de gloria en gloria»(**2**) del Dios infinito, gustan del Verbo de Dios hecho carne, como era en el principio y permanece por toda la eternidad.

3. –Cuando pienso en estas cosas maravillosas, cualquier consuelo espiritual, sea cual sea, se me vuelve una gran pesadumbre; porque mientras no vea abiertamente a mi Señor en Su propia Gloria, considero como nada todo lo que contemplo y oigo en el mundo. Tú, oh Dios, eres mi testigo de que nada puede consolarme, ninguna criatura puede darme descanso, salvo Tú, oh Dios mío, a quien deseo contemplar eternamente. Pero esto no es posible, mientras permanezca en este estado mortal. Por tanto, debo disponerme a una gran paciencia, y someterme a Ti en todo deseo. Porque incluso Tus Santos, oh Señor, que ahora se regocijan contigo en el reino de los cielos, esperaron la venida de Tu gloria mientras vivieron aquí, en fe y gran gloria. Lo que ellos creyeron, eso creo yo; lo que ellos esperaron, yo lo espero; adonde ellos han llegado, allí, por Tu gracia, espero llegar. Caminaré entretanto en la fe, fortalecido por los ejemplos de los Santos. Tendré también libros sagrados para consuelo y para espejo de vida, y por encima de todos ellos Tu santísimo Cuerpo y Sangre serán para mí un remedio y refugio especial.

4. –Porque siento que dos cosas me son sobremanera necesarias en esta vida, sin las cuales esta vida miserable me sería intolerable; estando detenido en la prisión de este cuerpo, confieso que necesito dos cosas, a saber, alimento y luz. Me has dado, por tanto, a mí que soy tan débil, Tu sagrado Cuerpo y Sangre, para el refrigerio de mi alma y cuerpo, y has puesto «Tu Palabra como lámpara para mis pies»(**3**). Sin estas dos no podría vivir propiamente; porque la Palabra de Dios es la luz de mi alma, y Tu Sacramento el pan de vida. Estas también pueden ser llamadas las dos mesas, puestas a un lado y a otro, en el tesoro de Tu santa Iglesia. Una mesa es la del Sagrado Altar, que lleva el pan santo, es decir, el precioso Cuerpo y Sangre de Cristo; la otra es la mesa de la Ley Divina, que contiene la santa doctrina, enseñando la verdadera fe, y conduciendo firmemente hacia adelante hasta lo que está dentro del velo, donde está el Santo de los Santos.

5. –Gracias a Ti, oh Señor Jesús, Luz de la Luz eterna, por esa mesa de santa doctrina que nos has provisto por medio de Tus siervos los Profetas y Apóstoles y otros maestros. Gracias a Ti, oh Creador y Redentor de los hombres, que para dar a conocer Tu amor al mundo entero has preparado una gran cena, en la que has puesto para bien no el cordero típico, sino Tu propio Santísimo Cuerpo y Sangre; alegrando a todos Tus fieles con este santo banquete y dándoles a beber la copa de la salvación, en la que están todas las delicias del Paraíso, y los santos Ángeles se alimentan con nosotros, y con una dulzura aún más feliz.

6. –¡Oh, cuán grande y honorable es el oficio de los sacerdotes, a quienes se les da consagrar el Sacramento del Señor de la majestad con palabras santas, bendecirlo con los labios, tenerlo en sus manos, recibirlo con su propia boca, y administrarlo a otros! ¡Oh, cuán limpias deben estar esas manos, cuán pura la boca, cuán santo el cuerpo, cuán inmaculado el corazón del sacerdote, en quien tan a menudo entra el Autor de la pureza! De la boca del sacerdote no debe proceder nada que no sea santo, honesto y provechoso, porque tan a menudo recibe el Sacramento de Cristo.

7. –Sus ojos deben ser sencillos y puros, ya que suelen mirar el Cuerpo de Cristo; las manos deben ser puras y levantadas hacia el cielo, las que suelen sostener en ellas al Creador del cielo y de la tierra. A los sacerdotes se les dice especialmente en la Ley: «Sed santos, porque Yo, el Señor vuestro Dios, soy santo»(**4**).

8. –Asístelos con Tu gracia, oh Dios Todopoderoso, para que nosotros, que hemos asumido el oficio sacerdotal, podamos conversar digna y devotamente contigo en toda pureza y buena conciencia. Y si no somos capaces de llevar nuestra conversación en tal inocencia de vida como deberíamos, concédenos, sin embargo, lamentar dignamente los pecados que hemos cometido, y en el espíritu de humildad y pleno propósito de una buena voluntad, servirte más fervientemente en el futuro.

(**1**) Cantares ii. **17**. (**2**) **2** Corintios iii. **18**. (**3**) Salmo cxix. **105**. (**4**) Levítico xix. **2**.

CAPÍTULO XII: Que quien va a comulgar con Cristo debe prepararse con gran diligencia

La Voz del Amado

–Soy el Amante de la pureza y el Dador de la santidad. Busco un corazón puro, y allí está el lugar de Mi descanso. «Prepárame el aposento alto, grande y aderezado, y celebraré la Pascua en tu casa con mis discípulos»(**1**). Si quieres que venga a ti y permanezca contigo, «limpia la levadura vieja»(**2**), y limpia la morada de tu corazón. Excluye al mundo entero, y a toda la multitud de pecados; siéntate como un «pájaro solitario sobre el tejado»(**3**), y piensa en tus transgresiones con amargura de tu alma. Porque todo el que ama prepara el mejor y más hermoso lugar para su amado, porque así se conoce el afecto de quien acoge a su amado.

2. –Sin embargo, sabe que no puedes hacer suficiente preparación por el mérito de ninguna acción tuya, aunque te prepararas durante un año entero, y no tuvieras otra cosa en tu mente. Sino que solo por Mi ternura y gracia se te permite acercarte a Mi mesa; como si un mendigo fuera llamado a la cena de un hombre rico, y no tuviera otra recompensa que ofrecerle por los beneficios recibidos, sino humillarse y darle gracias. Haz, por tanto, todo lo que esté en tu mano, y hazlo diligentemente, no por costumbre, ni por necesidad, sino con temor, reverencia y afecto, recibe el Cuerpo de tu amado Señor Dios, que se digna venir a ti. Yo soy el que te ha llamado; Yo mandé que se hiciera; Yo supliré lo que te falta; ven y recíbeme.

3. –Cuando doy la gracia de la devoción, da gracias a tu Dios; no es porque seas digno, sino porque tuve misericordia de ti. Si no tienes devoción, sino que más bien te sientes seco, sé insistente en la oración, no ceses de gemir y llamar; no ceses hasta que prevalezcas para obtener alguna migaja o gota de gracia salvadora. Tú tienes necesidad de Mí, Yo no tengo necesidad de ti. Ni vienes a santificarme a Mí, sino que Yo vengo a santificarte a ti y a hacerte mejor. Vienes para ser santificado por

Mí, y para unirte a Mí; para que recibas nueva gracia, y te enciendas de nuevo a la enmienda de vida. Procura no descuidar esta gracia, sino prepara tu corazón con toda diligencia, y recibe a tu Amado en ti.

4. –Pero no solo debes prepararte para la devoción antes de la Comunión, sino que también debes conservarte con toda diligencia en ella después de recibir el Sacramento; ni se necesita menos vigilancia después, que preparación devota antes: porque una buena vigilancia posterior se convierte a su vez en la mejor preparación para ganar más gracia. Porque por esto un hombre se vuelve enteramente indispuesto para el bien, si inmediatamente después de la Comunión vuelve a entregarse a las consolaciones externas. Guárdate de hablar mucho; permanece en un lugar secreto, y ten comunión con tu Dios; porque tienes a Aquel a quien el mundo entero no puede quitarte. Yo soy Aquel a quien debes entregarte por completo; para que ahora puedas vivir no enteramente en ti mismo, sino en Mí, libre de toda ansiedad.

(**1**) Marcos xiv. **14**, **15**. (**2**) **1** Corintios v. **7**. (**3**) Salmo cii. **7**.

CAPÍTULO XIII: Que el alma devota debe anhelar con todo el corazón la unión con Cristo en el Sacramento

La Voz del Discípulo

¿Quién me concederá, oh Señor, que te encuentre a Ti solo, y te abra todo mi corazón, y goce de Ti tanto como mi alma desea; y que ningún hombre me mire en adelante, ni ninguna criatura me mueva o me tenga en cuenta, sino que solo Tú me hables y yo a Ti, como el amado suele hablar al amado, y el amigo festejar con el amigo? Porque esto ruego, esto anhelo, ser enteramente unido a Ti, y retirar mi corazón de todas las cosas creadas, y por medio de la Sagrada Comunión y la celebración frecuente aprender más y más a gustar las cosas celestiales y eternas. ¡Ah, Señor Dios, cuándo estaré enteramente unido y perdido en Ti, y completamente olvidado de mí mismo? «Tú en mí, y yo en Ti»(**1**); concédenos que de igual manera permanezcamos juntos en uno.

2. –En verdad, Tú eres mi Amado, «el escogido entre diez mil»(**2**), en quien mi alma se deleita en habitar todos los días de su vida. En verdad, Tú eres mi Pacificador, en Quien hay paz perfecta y verdadero descanso, fuera de Quien hay trabajo y dolor e infinita miseria. En verdad, Tú eres un «Dios que te escondes», y Tu consejo no está con los impíos, sino que Tu Palabra está con los humildes y los sencillos. ¡Oh, cuán dulce, oh Señor, es Tu espíritu, que para manifestar Tu dulzura hacia Tus hijos, te dignas refrescarlos con el pan que está lleno de dulzura, que desciende del cielo! En verdad, «no hay otra nación tan grande, que tenga sus dioses tan cerca de ellos», como Tú, nuestro Dios, estás presente a todos Tus fieles(**3**), a quienes para su consuelo diario, y para elevar su corazón al cielo, te das a Ti mismo como alimento y deleite.

3. –¿Pues qué otra nación hay tan renombrada como el pueblo cristiano? ¿O qué criatura es tan amada bajo el cielo como el alma devota a la que Dios entra, para alimentarla con Su gloriosa carne? ¡Oh gracia inefable! ¡Oh maravillosa condescendencia! ¡Oh amor inconmensurable especialmente otorgado a los hombres! Pero, ¿qué recompensa daré al Señor por esta gracia, por una caridad tan poderosa?

No hay nada que pueda presentar más aceptable que dar mi corazón por completo a Dios, y unirlo interiormente a Él. Entonces todas mis entrañas se regocijarán, cuando mi alma esté perfectamente unida a Dios. Entonces Él me dirá: «Si quieres estar conmigo, Yo estaré contigo». Y yo le responderé: «Dígnate, oh Señor, permanecer conmigo, con gusto estaré contigo; este es todo mi deseo, que mi corazón se una a Ti».

(**1**) Juan xv. **4**. (**2**) Cantares v. **10**. (**3**) Deuteronomio iv. **7**.

CAPÍTULO XIV: Del ferviente deseo de ciertas personas devotas de recibir el Cuerpo y la Sangre de Cristo

La Voz del Discípulo

¡Oh, cuán grande es la abundancia de Tu dulzura, oh Señor, que has guardado para los que te temen! Cuando recuerdo a algunas personas devotas que se acercan a Tu Sacramento, oh Señor, con la más profunda devoción y afecto, entonces muy a menudo me confundo en mí mismo y me sonrojo de vergüenza, por acercarme a Tu altar y mesa de la Sagrada Comunión tan descuidadamente y con tanta frialdad, por permanecer tan seco y sin afecto, por no estar completamente encendido de amor ante Ti, mi Dios, ni tan vehementemente atraído y afectado como lo han estado muchas personas devotas, que por el mismo anhelo ardiente de la Comunión, y tierno afecto del corazón, no podían contener el llanto, sino que, por así decirlo, con la boca del corazón y del cuerpo por igual, anhelaban interiormente por Ti, oh Dios, oh Fuente de la Vida, sin tener poder para apaciguar o saciar su hambre, salvo recibiendo Tu Cuerpo con toda alegría y avidez espiritual.

2. –¡Oh, fe verdaderamente ardiente la de aquellos, que se convierte en una prueba misma de Tu Sagrada Presencia! Porque ellos verdaderamente conocen a su Señor «en la fracción del pan», cuyo corazón arde tan ardientemente dentro de ellos(**1**) cuando Jesús camina con ellos por el camino. ¡Ay de mí! Lejos de mí está en su mayor parte tal amor y devoción como esta, tal amor vehemente y ardor. Sé misericordioso conmigo, oh Jesús, bueno, dulce y bondadoso, y concede a Tu pobre suplicante sentir a veces, en la Sagrada Comunión, aunque sea un poco, el afecto cordial de Tu amor, para que mi fe se fortalezca, mi esperanza en Tu bondad aumente, y mi caridad, una vez encendida en mí por el gusto del maná celestial, nunca falle.

3. –Pero Tu misericordia es capaz incluso de concederme la gracia que anhelo, y de visitarme tiernísimamente con el espíritu de fervor cuando llegue el día de Tu beneplácito. Porque, aunque no ardo con un deseo tan vehemente como el de aquellos que son especialmente devotos hacia Ti, sin embargo, por Tu gracia, tengo un deseo de ese deseo grandemente inflamado, orando y deseando ser hecho partícipe con todos aquellos que tan fervientemente te aman, y ser contado entre su santa compañía.

(**1**) Lucas xxiv. **32**.

CAPÍTULO XV: Que la gracia de la devoción se adquiere con la humildad y la abnegación

La Voz del Amado

–Debes buscar con fervor la gracia de la devoción, pedirla fervientemente, esperarla paciente y fielmente, recibirla con gratitud, conservarla humildemente, trabajar con ella diligentemente, y dejar a Dios el tiempo y el modo de la visitación celestial hasta que llegue. Principalmente debes humillarte cuando sientes interiormente poca o ninguna devoción, pero sin abatirte demasiado, ni afligirte desmedidamente. Dios a menudo da en un breve momento lo que ha negado por mucho tiempo; a veces da al final lo que al principio de la oración ha diferido en dar.

2. –Si la gracia se diera siempre inmediatamente, y estuviera a mano al desearla, sería difícilmente soportable para el hombre débil. Por lo cual, la gracia de la devoción debe ser esperada con buena esperanza y con humilde paciencia. Sin embargo, impútatelo a ti mismo y a tus pecados cuando no se te da, o cuando es misteriosamente quitada. A veces es una cosa pequeña la que impide y oculta la gracia; (si es que aquello debe llamarse pequeño y no más bien grande, que impide un bien tan grande); pero si quitas esto, sea pequeño o grande, y lo vences perfectamente, tendrás lo que has pedido.

3. –Porque inmediatamente que te has entregado a Dios con todo tu corazón, y no has buscado ni esto ni aquello según tu propia voluntad y placer, sino que te has establecido por completo en Él, te encontrarás unido y en paz; porque nada te dará tan dulce sabor y deleite, como el beneplácito de la Divina voluntad. Quienquiera, por tanto, que haya elevado su voluntad a Dios con sencillez de corazón, y se haya librado de todo amor o aversión desordenados a cualquier cosa creada, será el más apto para recibir la gracia, y digno del don de la devoción. Porque donde el Señor encuentra vasijas vacías(**1**), allí da Su bendición. Y cuanto más perfectamente un hombre abandona las cosas que no pueden aprovechar, y cuanto más muere a sí mismo, tanto más rápidamente viene la gracia, tanto más abundantemente entra, y tanto más alto eleva el corazón libre.

4. –Entonces verá, y confluirá, y se maravillará, y su corazón se ensanchará dentro de él(**2**), porque la mano del Señor está con él, y se ha puesto enteramente en Su mano, por siempre. He aquí, así será bendecido el hombre que busca a Dios con todo su corazón, y no recibe su alma en vano. Este hombre, al recibir la Santa Eucaristía, obtiene la gran gracia de la Unión Divina; porque no tiene en cuenta su propia devoción y consuelo, sino, por encima de toda devoción y consuelo, la gloria y el honor de Dios.

(**1**) **2** Reyes iv. (**2**) Isaías lx. **5**.

CAPÍTULO XVI: Que debemos exponer nuestras necesidades a Cristo y requerir Su Gracia

La Voz del Discípulo

Oh dulcísimo y amantísimo Señor, a quien ahora deseo devotamente recibir, Tú conoces mi flaqueza y la necesidad que padezco, en qué males y vicios yazgo; cuán a menudo soy agobiado, tentado, perturbado y manchado. Vengo a Ti por remedio, te suplico consolación y apoyo. Te hablo a Ti que conoces todas las cosas, a quien todos mis secretos están abiertos, y que solo Tú eres capaz de consolarme y ayudarme perfectamente. Tú sabes qué bien necesito más, y cuán pobre soy en virtudes.

2. –He aquí, estoy pobre y desnudo ante Ti, requiriendo gracia e implorando misericordia. Refresca al suplicante hambriento, enciende mi frialdad con el fuego de Tu amor, ilumina mi ceguera con el resplandor de Tu presencia. Convierte para mí todas las cosas terrenales en amargura, todas las cosas penosas y contrarias en paciencia, todas las cosas sin valor y creadas en desprecio y olvido. Levanta mi corazón hacia Ti en el Cielo, y no me dejes vagar por la tierra. Sé Tú solo dulce para mí desde hoy y para siempre, porque solo Tú eres mi comida y bebida, mi amor y alegría, mi dulzura y todo mi bien.

3. –¡Oh, si quisieras por completo, con Tu presencia, encenderme, consumirme y transformarme en Ti mismo; para que sea yo hecho un solo espíritu contigo, por la gracia de la unión interior y el derretimiento del amor ardiente! No me dejes irme de Ti hambriento y seco; sino trátame misericordiosamente, como a menudo has tratado maravillosamente a Tus santos. ¡Qué maravilla si fuera yo completamente encendido por Ti, y en mí mismo fallara por completo, ya que Tú eres fuego siempre ardiente y nunca menguante, amor que purifica el corazón e ilumina el entendimiento!

CAPÍTULO XVII: Del amor ferviente y el deseo vehemente de recibir a Cristo

La Voz del Discípulo

Con la más profunda devoción y ferviente amor, con todo el afecto y fervor del corazón, anhelo recibirte, oh Señor, así como muchos Santos y personas devotas te han deseado al comulgar, quienes fueron enteramente agradables a Ti por su santidad de vida, y moraron en toda ardiente devoción. ¡Oh Dios mío, Amor Eterno, mi todo Bien, Felicidad sin medida, anhelo recibirte con el más vehemente deseo y la debida reverencia que cualquier Santo jamás tuvo o pudo tener!

–Y aunque soy indigno de tener todos esos sentimientos de devoción, sin embargo te ofrezco todo el afecto de mi corazón, como si yo solo tuviera todos esos deseos más agradecidos e inflamados. Sí, también, todas las cosas que una mente piadosa puede concebir y anhelar, todas estas con la más profunda veneración y fervor interior te las ofrezco y presento. No deseo reservar nada para mí, sino ofrecerme libre y enteramente a mí mismo y todo lo que tengo a Ti como un sacrificio. ¡Oh Señor mi Dios, mi Creador y Redentor! con tal afecto, reverencia, alabanza y honor, con tal gratitud, dignidad y amor, con tal fe, esperanza y pureza deseo recibirte este día, como Tu santísima Madre, la gloriosa Virgen María, te recibió y deseó, cuando humilde y devotamente respondió al Ángel que le trajo la alegre nueva del misterio de la Encarnación: «He aquí la esclava del Señor; hágase en mí según tu palabra»(**1**).

3. –Y como Tu bendito precursor, el más excelente de los Santos, Juan el Bautista, estando lleno de alegría en Tu presencia, saltó aún en el vientre de su madre de gozo en el Espíritu Santo; y después, discerniendo a Jesús caminando entre los hombres, se humilló sobremanera, y dijo, con afecto devoto: «El amigo del esposo, que está presente y le oye, se goza grandemente de la voz del esposo»(**2**); así mismo deseo ser inflamado con grandes y santos deseos, y presentarme a Ti con todo mi corazón. Por lo cual también, en nombre de mí mismo y de todos los que me han sido encomendados en oración, te ofrezco y presento el júbilo de todos los corazones devotos, sus afectos ardientes, sus éxtasis mentales, e iluminaciones sobrenaturales y visiones celestiales, con todas las virtudes y alabanzas celebradas y por celebrar por toda criatura en el cielo y en la tierra; a fin de que por todos seas dignamente alabado y glorificado por siempre.

4. –Recibe mis oraciones, oh Señor mi Dios, y mis deseos de darte infinita alabanza y bendición sin límites, que, según la multitud de Tu inefable grandeza, te son muy justamente debidas. Estas te las doy, y deseo darlas cada día y cada momento; y con súplicas y afectuosos deseos llamo a todos los espíritus celestiales y a todo Tu pueblo fiel a unirse a mí en rendirte gracias y alabanzas.

5. –Que todos los pueblos, naciones y lenguas te alaben, y magnifiquen Tu santo y dulce nombre, con altísimos júbilos y ardiente devoción. Y que todos los que reverente y devotamente celebran Tu altísimo Sacramento, y lo reciben con plena seguridad de fe, sean considerados dignos de hallar gracia y misericordia contigo, e intercedan con toda súplica por mí, pecador; y cuando hayan alcanzado su deseada devoción y gozosa unión contigo, y se aparten llenos de consuelo y maravillosamente refrescados de Tu santa mesa celestial, que se dignen acordarse de mí, porque soy pobre y necesitado.

(**1**) Lucas i. **38**. (**2**) Juan iii. **29**.

CAPÍTULO XVIII: Que un hombre no debe ser un curioso escudriñador del Sacramento, sino un humilde imitador de Cristo, sometiendo su sentido a la santa fe

La Voz del Amado

–Debes guardarte de la búsqueda curiosa e inútil en este profundísimo Sacramento, si no quieres sumergirte en el abismo de la duda. «El que es escudriñador de la Majestad será oprimido por su gloria»(**1**). Dios es capaz de hacer más de lo que el hombre puede entender. Se permite una búsqueda piadosa y humilde de la verdad, cuando siempre está dispuesta a ser enseñada, y se esfuerza por caminar según las saludables opiniones de los padres.

2. –Bienaventurada la simplicidad que deja solos los difíciles caminos de las cuestiones, y sigue los pasos llanos y firmes de los mandamientos de Dios. Muchos han perdido la devoción mientras buscaban escudriñar cosas más profundas. Se requiere de ti fe, y una vida sincera, no alteza de intelecto, ni profundidad en los misterios de Dios. Si no entiendes ni comprendes las cosas que están debajo de ti,

¿cómo comprenderás las que están por encima de ti? Sométete a Dios, y humilla tu sentido a la fe, y la luz del conocimiento te será dada, según sea provechoso y necesario para ti.

3. –Hay algunos que son gravemente tentados acerca de la fe y el Sacramento; pero esto no debe imputárseles a ellos mismos, sino más bien al enemigo. No te preocupes, pues, por esto, no disputes con tus propios pensamientos, ni respondas a las dudas que te infunde el diablo; sino cree en las palabras de Dios, cree en Sus Santos y Profetas, y el malvado enemigo huirá de ti. A menudo aprovecha mucho que el siervo de Dios soporte tales cosas. Porque el enemigo no tienta a los incrédulos y pecadores, porque ya los tiene en posesión segura; sino que tienta y acosa a los fieles y devotos por diversos medios.

4. –Avanza, por tanto, con fe simple e indubitable, y acércate al Sacramento con reverencia suplicante. Y todo lo que no puedas entender, encomiéndalo sin ansiedad al Dios Todopoderoso. Dios no te engaña; se engaña el que cree demasiado en sí mismo. Dios camina con los sencillos, se revela a los humildes, da entendimiento a los pequeños, abre el sentido a las mentes puras, y oculta la gracia a los curiosos y soberbios. La razón humana es débil y puede ser engañada; pero la verdadera fe no puede ser engañada.

5. –Toda razón e investigación natural debe seguir a la fe, no precederla, ni quebrantarla. Porque la fe y el amor ocupan aquí especialmente el lugar más alto, y obran de manera oculta en este santísimo y excelentísimo Sacramento. Dios, que es eterno e incomprensible, y de poder infinito, hace cosas grandes e inescrutables en el cielo y en la tierra, y Sus obras maravillosas son insondables. Si las obras de Dios fueran de tal índole que pudieran ser fácilmente comprendidas por la razón humana, ya no deberían llamarse maravillosas o inefables.

(**1**) Proverbios xxv. **27** (Vulg.).

9 789373 688442

Printed at Repro India Ltd.